MW00475765

pour Richard
        Stamelman,

si heureux de
l'avoir retrouvé
après tant d'années
————

    à bientôt,

amicalement

            Lorand Gaspar

2 février 93

LORAND GASPAR

Égée
Judée

SUIVI D'EXTRAITS DE

Feuilles d'observation

ET DE

La maison près de la mer

GALLIMARD

© *Éditions Gallimard,*
1980, pour Égée *suivi de* Judée,
1986, pour les extraits de Feuilles d'observation,
1993, pour les extraits de La maison près de la mer
et pour la présente édition revue.

ÉGÉE

Égée et *Judée,* parus en un même volume en 1980, sont repris ici (à l'exception du volet intitulé « Monastère » dans *Égée*) avec quelques modifications.

à Georges Séféris
et aux pêcheurs de Patmos

Épiphanie

15 : le _Ici qui parle_

22,24 : Main qui crée, fait resliner : 158, 140

30 : "l'empire de l'étendue" puis s'annule

33 : Respiration : 22

35 : "la vaste mer du beau"

39 : lueurs dans les Pierres

39 {mots} Parole, parler : 42, 43

40 : "tu recreuses sans relâche / le
même trou dans la bouche ouverte
de la parole"

42 : le maçon : 31

42 : Parole se Rompt Nous abandonnant
sur terre inconnue

44 : Le mortel : Description

46 : éléments paysagistes

Poèmes à analyser ? : 16 ⟨22⟩ 27, 33, 35, 39, 44 ⟨55⟩
    124-29, 146-7, ⟨158⟩ ⟨75⟩ ⟨55⟩

Concentration en Pièces (suite) 27 -35

musique sacrée

NOCTURNE EST LA MER
SOUS L'ÉTINCELLEMENT

Tant d'obscure parole dissoute dans la lumière —
Graniteuse présence, si sombre son creusement
Dans les cavernes de l'œil !

Aussi vont-ils çà et là
sourds qu'ils sont et non moins aveugles,
ébahis, races indécises... [1]

Étincellement du pelage des eaux !
Grésillement du sel dans l'or chaud de l'huile,
dans le masque rongé du poème.
Crocs et griffes fouillez, fouillez
la pâte sombre et sonore de verre,
la pudeur du corps, sous le soc,
inapaisé !
⟶ Tant de perfection à sa ruine sous le marteau du vide.
Gémissement du gros œuvre des vagues,
éparpillement du nom dans les herbes du soir.
Échardes et débris pour te faire une âme,
des dents claires pour le sang de la tragédie —
tes pieds traînent dans la rouille des roches
— pense à écrire à l'ange d'Éphèse et de
Laodicée —

les soleils du monde un paquet d'oursins
dans la caverne encore fraîche de l'œil.

Qu'ici nous parlent l'eau et la pierre *lui qui parle*
floraison de routes légères sur le gouffre.
Levés dans l'argile humide de l'aube,
que nous portent ces vents de résurrection
— de la pudeur des roses à la roche rétive —
que celui qui entend dise : Viens —

Dans l'empierrement du nom
tu as recueilli cette matière ailée.
Tu as épelé tout haut, appelé du souffle
la lourde chaîne qui grince au sommeil
des ancres dans les ports inconnus —
Ton œil poisseux du petit matin
Essaie de comprendre, incisée par la rame
dans l'onctueux des gris cette autre clarté
Ce que tu as vu fermenter dans la chair
quand se rompt soudain la voûte des eaux
sur le porteur de braises, le ravisseur nocturne,
tu l'as enfoui hâtivement sous les soirs
ou dans l'âpreté de midi quand le perron liquide
du feu se prend en un corps inconnu
et sombre en son ventre de buisson d'épines.

16

Cette mer qui rapporte sa prise matinale d'îles
bouillonnement d'appels depuis les steppes d'Asie,
d'écumes, de marbres, de bronzes et de crimes,
bruissement aux nuits ornées de prières,
tout un peuple debout sur ses nefs d'étonnement
aux sentiers du verbe dans la compacte obsidienne
avec sa moisson de pierres sèches et de lueurs.
la peau grenue et la pulpe tendre des mots
olivier, vigne, figuier, cyprès — [1]

Peau / pulpe des mots

17

Fouilles

NÉOLITHIQUE II

Déesses adipeuses que n'a pas encore touchées la proportion, ni les grâces compliquées, ni l'ascèse,
tout à leur réserve de lait, de lipides, de semences —
règne de plis qui exhale l'aloès amer et les sept parfums propitiatoires, mêlés aux relents des bêtes grasses sur le feu.

Dans un coin de la maison, dans les grandes jarres blanches, accroupis, les morts.

Là-bas, entre les chrysanthèmes de haute mer, grosses de leur charge d'obsidienne, les barques de Mélos dérivent.

Dans les blocs compacts de noir, au fond des brèches de clivage, ces grandes coquilles voluptueuses où glisse une eau de lumière.

MINOEN ANCIEN [1]

La main épelle au sommeil des roches
des noms et des rythmes pour une incantation.
Et si claire est cette voix tirée de l'opaque,
si simple la gorge qu'elle ouvre en ce qui pèse,
que la main frissonne sur les pentes évidées.
Adossée à la nuit, elle hésite encore,
tant de bruits fins des eaux dans les doigts,
elle suit une ligne encore inconnue dans le monde,
de point en point où son toucher respire,
où l'onde de pierre déboutonne son corps,
délace au ventre le bonheur du plein,
elle redit la ligne déjà inconnue dans le monde,
dans la chaleur du même ravage oublié.

MINOEN MOYEN III

Puits de lumière des maisons de Tylissos
puits d'ombre des fêtes de l'été.
Dans la chambre profonde de fraîcheur
la pierre du regard dans l'anneau sombre
rompu d'un bref ruissellement de cuivre
couleuvre de fécondation, protectrice des morts.

Cueilleurs de safran,
cueilleurs de pépites rouges, bleues et blanches
à Cnossos et Hagia Triada
la soif des fleurs sous le poids des morts
courbe la main aux flancs du vase —
comme il brille un instant le ventre mouillé de soleil !
Hommes glabres aux longs cheveux,
ceints de pagnes, huilés de combats,
l'arc tendu à l'extrême du mouvement,
moissonneurs et porteurs d'offrandes —
ruissellement de haches et de bijoux —
dames bleues et hommes aux longs cheveux
qu'avez-vous vu de si incompréhensible ?
qu'était cette clameur sur vos seuils ?
an — 1570

MINOEN RÉCENT I
(Aiguières d'Hagia Triada)

Dauphins, poulpes, poissons
fraîcheur de lin, de roseaux, d'oliviers
tremblement du jour dans une couleur
joie d'une ligne qui bouge encore
et je rêve à cette main entre milliards
de mains, étonnée, heureuse —
et je ne sais quoi, un pigment
qui fait que l'âme respire,
que voit la vie, ces choses qui
viennent à mes doigts
et mourront une fois encore —

24

Pierre ✶

belle suite de poèmes

Ici les hommes donnèrent un nom à ce qui sombre du *Nommer*
visage dans l'indifférence du jour.

Nom d'eau et de vent dans les ossuaires d'Algues et
de Foraminifères.

Là où le feu de plein vent rencontre le feu qui jaillit il
y a eu ce signe du dieu.

Fluidité nerveuse du tissage, rigueur d'une main dans *main*
la brume allant aux pentes de la source.

Virulence tranquille d'un ordre, d'un gouvernement.

Rapports et proportions divulgués, dispersés,
oubliés —

bruissement dans la ruine de leur provenance.

Prosternation et baiser qui brûlent encore la terre —
poudre de musique dans le granit des îles,

voix haute et intelligible du destin, lavée par le
ressac,

affolement et chuchotement d'entrailles, cousant et *faire /*
décousant nos vies. *défaire*

L'homme quand il a trouvé dans la pierre les fentes
et les enfoncements,

27

les arêtes et les saillies qui servent de gouvernail,

quand il a vu se défaire le centre géométrique du sourire,

qu'il est allé reconnaître dans les travaux de glaise et de glu,

là où la main des deux rives a scellé l'embrassement —

nudité mordue, exulcérée des corps,

lustrée de milliards de battements et de cris

cloué par l'accord et les nombres —

Mais quand un mouvement plus vif, celui d'une autre
    sorte de feu
rencontre le feu visuel et le sépare jusqu'aux yeux
quand par les fentes mêmes de l'œil de force il se fraie
un accès et les dilacère — il s'en écoule un mélange
de feu et d'eau que nous appelons larmes, ainsi à
    l'encontre
du feu jailli de l'œil comme d'un éclair, vient un feu
en sens contraire, le pénètre et s'éteint dans l'humeur ;
en ce bouillonnement jaillissent des couleurs de toutes
    sortes :
éblouissement peu à peu délavé, épongé par les cal-
    caires [1] —

Idole de marbre de Paros, traces de rouge sur la
poitrine.

Tensions, hasards, désarrois confiés à la meule —
clarté que tu manges avec l'olive et le pain,
dépecée de son brillant, serrée dans un caillou.
Pendant que tu regardes de ce côté de la lumière
où de son long elle est couchée dans la barque
et que l'œil et la mer échangent leurs eaux —
la fatigue du dieu tout de même se convainc
d'un si humble souci dans l'entaille du corps —
j'entends les travaux pudiques des sons
crisser sous le pourpre éteint de la robe.

Si rigoureuse est l'issue du combat
que reflue à ses sources le mouvement
et s'annule l'empire de l'étendue
laissant là l'étrange nudité
qui se creuse incoercible et se troue —

Dans les carrières de Paros et de Naxos tu as regardé
les pierres vives sécher au soleil.

Bouche d'ombre contre bouche de lumière.

La bougie du cœur posée sur la berge d'une poitrine
ouverte.

Le maître appareilleur les tâta du pouce et de l'ongle,
retint les franches, les pleines de belle hache, choisis-
sant les plus lourdes pour le fondement, les plus dures
pour l'entablement.

Salamine, Aphaïa-Athéna.

Dans un bâillement, la mer, un caillot de sang.

Mais quand le jour avec ses blancs poulains [1] —

Poussière gris-or des cris retombés, chardons d'un
autre été —

*Une plainte pleine de sanglots envahit l'étendue de la
mer* [1]

Le grain du pôros fermente dans les cuves du soir.

Peu à peu dans l'entrecolonnement des portiques
s'efface l'horizon, tu n'entends plus que l'effritement
ocre des ans sur le pavé.

« Là, arrête-toi. Ce lieu sec, ce désert... »
Là sont les portes —

Intervalle de battement, frayeur qui apaise un instant
l'espace.
A nu les ligaments de ta pesanteur, nue la voix
éclairée par la paille de l'aire à fouler —

Poète Poèmi,
les munis.

Respiration de flûte dans le poids du calcaire.

Tout un monde de choses incertaines, de clartés gris-
brun furtives de fauvette

bavardage distrait de cailloux — des pas émus, en
désordre parmi les mesures austères du géomètre.

Ombre charnelle dans la forêt dépouillée des fûts,
dans le trou humide de la caverne oculaire

fraîcheur pieds nus du soleil sur les dalles

la plus dogmatique lumière doucement effritée sur la
peau ou frileuse, caillée dans la tête quand retombent
les bruits.

Sur la colline où tu as vainement contemplé la
Proportion

où tu as touché l'enflement des courbes

regarde la lumière intimidée, tendre et nostalgique
lumière de l'âge sur le ventre érodé —

courant depuis des pas dans l'herbe des années —

Joueur de flûte, j'ai tant erré dans les terres d'ombre
et je ne sais pas ton visage.
Le tintement liquide des cloches du troupeau
tout ce large au soir qui vient sur les cailloux
écailles et bris d'une ancienne mémoire
désastres lointains, départs imminents
pourquoi ces grappes maintenant si légères
et j'écoute adossé à un ciel très pâle
les morts qui connurent tous les sons de l'air
tant de rouages que meut la transparence
et je sens dans la bouche les dents rouges de l'âme

         tourbillon de danse, sifflement d'aile
         porteur de vie et d'égarements
         toi la Règle, toi l'Erreur,
         la juste tension des larmes,
         le goût âpre de la langue brûlée —

34

Suis-moi vers les cimes, là, monte encore, déleste-toi, désentrave-toi, secoue la pesanteur qui te colle au sang. Monte encore. Défais-toi du feu sombre qui te tire à son fond, qui te baise de ses pétales et que tu nommes diversement entre lumière et obscurité, entre commencement et fin. Je t'apprendrai à percer les reflets et les ombres, à te tenir debout sur la coupole éternelle du bleu. Et là te tournant vers la vaste mer du beau, la contemplant, tu enfanteras des discours sublimes, inspirés par un amour sans bornes de la sagesse, tu atteindras la connaissance unique, connaissance de la beauté...

Voilà que tu traînes dans la pénombre des quartiers peu sûrs. Ta parole est une eau sourde aux lueurs incertaines, ton âme, nourrice obscure de cet assemblage instable de lassitudes et de fulgurations, de parfums légers et d'essences putrides. Et ta main tremble d'avoir touché le plein et le creux, ce duvet d'aile dans une pierre —

Chœur

Scelle ce dont parlent les sept tonnerres [1]

Ces lueurs que des hommes ont touchées dans la
pierre —

hommes à la parole trouée, saccagée de silence, ici et
là inextirpable.

Nous ne connaissons du feu que cette part qui éclaire
ou embrase, — mais qui interroge la flamme où elle est
verte, où elle se perd ?

Qui a palpé la maçonnerie ardente entre les grains de
musique ?

De cette langue qui a couru dans le lit défoncé de la
parole —

Ce que la parole avait porté en elle au matin, cet
étonnement dans les muscles,

l'étoffe crissante du bond et de la fracture —

et nous sommes assis à tisonner nos urticaires, nos
frénésies

et toute cette prolifération de salive —

ce qui flamba au matin dans la porosité de l'œil,

rupture de sons clairs sur les galets,

ébahissement des choses qui sont là dans la lumière

et la morsure au cœur du toucher muet,

ce vert dévastant de jeunesse —

était-ce le poison ?

Ceci que voici.
Abrupte et sans voiles dans l'enclos du regard.
Et tu recreuses sans relâche
le même trou dans la bouche ouverte de la parole.
Holocauste du bleu et pudeurs d'abîme.

Effondrement que tu appelles, dont tu trembles
quand naît une feuille, un soleil —
connivence moléculaire du sang qui perfuse la chair
fraîcheur ô combien de fois accueillie debout, à
    genoux,
reçue de plein fouet au visage
tu as lutté loyalement près des pierres
dressées sur les sentes d'une transhumance,
jusqu'à cette inflammation qui gagne
le ravissement de la plaie —

Te voici encore, ces remuements incompris sur les
   lèvres,
aux prises avec ces masses muettes —
bancs de madrépores et vases profondes
dont le goût est si proche sur la langue —
et tu te prends dans les ailes folles où brûle
tant d'espace en friche pour une rougeur sur la joue.
Mais tenaces sont les nageoires du remous
ces feux minuscules cimentés dans le marbre
et la langue remonte vers la trame du calcaire
au grain de ferveur qui meut les migrations.

Et tu te penches sur le même puits au silence rauque
pompe exsangue du petit matin.

Des pas et la dyspnée d'un caïque dans la glaise du petit
   matin —
Ce qu'il y a d'amour et de désespoir dans l'homme,
de clarté au soir dans les pierres —
là fut notre chance d'entendre et de voir.
La main du pêcheur quand soudain elle se tend
ce fil mince entre un bonheur et une agonie,
la parole quand soudain elle se rompt,
nous abandonne sur une terre inconnue.
Le maître maçon tâte les blocs de calcaire,
crache sur ses doigts et roule sa cigarette.

Silence d'eau qui enveloppe Cassandre sur son char
devant le grand portail de pierres à Mycènes. Silence
où enfle la langue d'une phrase à venir, tel le bois
d'un gouvernail repris par la mer. A mesure
que s'éclaircit la voix, que se forment les mots,
toujours trop tôt interrompus, les dents de l'Égareuse
s'acharnent sur le scellé de la source.
Quand enfin l'eau jaillit, ah !
comme elle déchire d'un coup le drap du jour !

Ioh, Ioh ! le destin
du rossignol sonore[1] !

Et ton âme sans cithare compose son chant —

Voici, me dit-il, le mortel cerné de toutes parts,
enserré dans les fils de sa langue, son trépas.
Entends sa musique discordante, la bouillie sonore de
   sa bouche.
Vois comme est insensé son dire, en désaccord flagrant
avec le sens de son faire, le destin qui le porte.
Aveugle sous la peau de lumière posée.
Regarde la bête solitaire, foulant les jardins,
alourdie de fatigue, exsangue, frappée en plein regard.
Déracinée, Désertée, Brisée —

Plaies et pleurs et grincements de dents.
Lueur qu'éventra la lame sur l'eau grise.
Parole sous la parole, en mèche de fouet.
Tranquillement elle charrie l'irrévocable venin,
tranquillement elle dépèce l'incroyable, le clair,
te livrant à ton obscurité —
et qui t'entendra dans les hennissements du jour,
du joyeux jour aux blancs poulains ?

Clairvoyant Œdipe, casseur d'énigmes, Roi acclamé,
  Sauveur.
Lustré, radieux de grandeur et de probité
au matin silencieux à Delphes quand tu jettes
ton *qui suis-je* dans la faille des Phédriades —

L'espoir d'une réponse posée légère dans la lumière de
  la source.

Ô Monstre d'impureté, Souillure abominable !
Dans la noire lumière de midi sans objet
un homme s'avance à tâtons —

*homme à
tâtons*

Toutes ces mers et tous ces déserts
que tu as traversés pour te perdre
près de ce puits où l'odeur secrète
de la plante avait attiré le serpent.
A présent la fraîcheur de ce mur qui se fend,
une aile qui bouge dans la pierre.
Au soir dans la chaux la vieille transhumance
que tu n'as pas nommée. Et tu sais
qu'il y a des oiseaux qui montent sans cesse

dans le vin de l'espace d'un été.
C'est déjà octobre. La voix frêle
du rouge-gorge dérape sur une eau
que le vent fait trembler —

Phaliron [1] se lave de nuit.
Sur les maisons les plus hautes
un ramier s'embrase
puis tout est redessiné
de cette craie liquide d'ossements
de morts anciens.
Dans la baie un cheval gris
avance dans la mer,
je sais un instant, je vais tout comprendre,
le chœur m'expliquera,
les coryphées de lumière sur le parvis
où brille le silex de l'embaumeur
— maintenant —
et le jour, déjà,
aveuglant.

Le repas des oiseaux

... pour manger des chairs de rois, des chairs de forts, des chairs de chevaux et de cavaliers, des chairs de tous hommes libres ou esclaves, petits ou grands [1].

A l'aube, sur les eaux, ce premier appel
qui frissonne d'avoir d'un coup débondé l'étendue.
Et toi tu radotes en radoubant ta barque,
tu marmonnes des choses que ne peut comprendre
la Huppe Yafoûr du roi Salomon,
sur la solitude des eaux et l'inconstance des hommes,
sur la peur quand soudain s'obscurcissent les portes,
tu remâches encore ces plantes amères du cœur,   l'amour
comme si tu ne savais pas que la faute, la seule
est de n'avoir pas su aimer assez, que cette douleur...

*Ici finissent les œuvres de la mer, les œuvres de
l'amour*[1].   [Séféris]

51

géometrie
architecture
construc-
tion

Ordre nourri d'une gorgée de braise
dévoré par la soufflerie des ailes.
Puissance et rigueur du fin balancier
qui commande aux angles du ciel.
Arcs graciles des côtes, scellés de nacre,
voûtes jumelles posées sur l'axe du vol,
ici s'amarrent les muscles de la forge
ces fibres et filins qui tendent les vents.
Une boule de choses qui tremblent dans la main,
deux ou trois couleurs, une idée folle
qui passe par la tête, une heureuse
nouvelle traverse en courant les murs,
retrousse un instant les dessous de lumière
et nous laisse à nos miroirs de nostalgie —

mais telle est l'imprudence qui nous irrigue.

Plumes

Plume éclose d'un bourgeon d'épiderme, duveteuse et tendre, puis rigide, étançonnée, la siccité minérale greffée aux sèves par le calame, le rachis porteur de la double rangée de barbes divisées comme l'éclair, barbules lisses et d'autres pourvues de crochets solidement imbriqués, étançonnant la voilure quand ils s'unissent aux plumes voisines, tectrices de couverture, à barbes duveteuses, plumules floconneuses, isolantes, rémiges de couvertures alaires, plumes fermes du vol, rectrices, pennes de la queue servant de gouvernail, plumes d'apparat, oublieuses d'espace et de vents, bigarrées, irisées, faisant la roue.

Matin dans le duvet de mer : ferments gris de couleurs.
Tes yeux fouillent et se perdent dans les creux.
Amont prodigieux, cataracte immobile de rumeurs —
buée d'encres et d'ardoises sur la vitre de Dieu.
Écailles et poudres sur la terre.
Montagnes gris-bleu d'attendre
que se déclarent les quatre horizons —
l'humble idée de l'eau sur les tables absolues.

Glissement de lignes et de muqueuses,
puis la grande voix de l'Ange debout dans le soleil
qui convie les oiseaux à se repaître.

Prends ton sac d'indigence
de chimie chuchotante, fouineuse,
va dans le pur sifflement de lumière,
bègue boiteux, paquet de venin,
tes os remplis de craquements de fauvette.

Le soleil est déjà haut et tu écoutes les cailloux.
La lumière est un vivier de bulles et de bonds légers,
tu flottes au plafond de grandes salles liquides
et tes mouvements nagent décousus dans le tain —
il y a ce bruit de dégel que rendent à midi les fonds
des boues qui ont tant englouti de clameurs —
la note pure de l'eau tient ferme l'agonie
d'un rayon posé hors d'haleine sur les pierres —
les filets sont jetés comme d'habitude
et tu regardes incrédule le ciel sans nuage —
et qui sait le lieu et qui sait le temps ?
Rappelle-toi les fonds sous la voûte glauque
la lueur dans la faille, le tressaillement des cœurs,
le fer rapide et la lutte obscure
pour remonter la mort dans la lumière.

Immobile à la barre, ses yeux d'ombre et de malice
perdus dans la brume légère des vagues, il murmure :
Mais que cherchent-elles nos âmes à voyager[1] ?

Plus loin, plus loin que mémoire —

tant d'effervescence dans l'inéclairé
dans les vases glaiseuses de la chair,
qui sait, qui sait jusqu'où l'on peut brûler
jusqu'où te suivrai-je ineffable fraîcheur ?

Rides et ravins dans la peau sèche de l'été ←
(tu ne voyais pas de halte à ces fièvres)
pâleur sans fond, odeur de paille effritée
clarté au soir à rien redevable
ruine de l'œil où la présence des choses
ramasse ses pépites musiciennes —
Marins dérisoires, rongés de sel et d'injures
la gorgone du naufrage tatouée sur nos bras,
qui nous conduira vers le port ?
Tu es seul en cette nuit à lever l'ancre
de tant de regards que l'horreur t'a confiés —

Nuit sur mer plus noire que mer.
Il faut ramer longtemps, je sais.
La barque est noire et blanche
la peau humide et frileuse
(ton corps sentait la résine vers l'aube et la sauge)
je rame
une jubilation se tend sur les eaux couleur de ramier,
tu casses le pain cuit dans l'écorce d'orange, —
la mer change rapidement d'armure
(je ne te reconnaissais plus le matin dans les draps du
    regard)
la mer plie de grandes barres de miel roux,
la fraîcheur surprise dans les menthes, l'origan
et le nerprun épineux —
il y a des îles encore très accroupies
la chapelle blanche sur le dos et des femmes
qui viennent, gréées de noir
comme si tout était déjà tard et couvert de cendre.

une barque de pêcheur, là-bas, immobile,

dur noyau de lumière
sédiment calme de célérité

sa chimie érode
le corps debout
ininterrompu de mer

Îles

Alors toute île s'est enfuie,
se sont dissoutes les montagnes [1].

Notre île
nous l'avons bâtie
sous l'arrogance des vents.
Nous l'avons
rocher par rocher
dérobée au tumulte.
Dans ces failles, ces figures
patiemment nommées,
chaque jour remonte l'effroi.

Nos maisons
un peu de blanc
les désigne aux cailloux —
fraîcheur surprise
d'un bouillonnement occulte
au fond des carrières.

Rester là
silencieux, écoutant
pousser d'autres îles plus loin.

Le temps apprend sa leçon de choses
l'aride et le doux
dans les creux offerts de nos corps
nos pulpes encore chaudes
qui cherchent le parfait de la chaux
tandis que nous blanchissons la sente du précipice.

Nous avons grandi entre la mer incrédule
et des murs anfractueux —
dans les creux, les bosses, les arêtes
qu'a laissés la main
— sur une vitre parfois —
la lumière fermente —
comme s'il y avait là
une âme à brûler.
Devant nous ces vents, ces ténèbres
qu'ouvre l'étrave
et tu lis et tu dis
et ne comprends pas.

Dans nos îles il y avait toujours un sentier,
le même peut-être, qui tourne entre les rochers.
Il y a toujours un tournant, le même peut-être,
qui entre les bruns et les gris déboutonne une chose
    claire,
flamme blanche qui se dévêt —
le flanc doucement évasé
où tarde un désir inconnu.
Dedans : pénombre d'huile et d'encens
qui tient embrassé
un visage noirci par l'amour.

Nous avons fait confiance aux entrailles,
à l'obscure douleur de la terre.
Notre seule arme : cette chaux aveugle,
interlocuteur inexorable.
Plus tard, dans l'épaisseur nocturne,
le squelette igné d'un oursin.

Dévoilement — rougeur d'un alphabet.
Zéro heure quinze à Évanghelismos —
roide aux commandes de cette navigation,
l'abbesse reçoit les courbures du chant
la chair brûlée dans la voix
les griffes de la bête clouées en mer.

La grande peau tendue de nos iniquités —
sur les eaux plane l'incendie des herbes,
prairie de frissons, échardes, bris de verre,
crépitement électrique du pelage amoureux
gerçant la douleur, ulcérant le baiser.

Entre les reins et les croupes de l'eau éboulée,
les sifflements d'Érinyes dessèchent nos âmes
squelettes d'étincelles que défait le vent
Ô Mère, ô nuit ma mère qui m'enfantas[1] *!*
La toux caverneuse du moteur à un temps —
crachant aux brumes le noir des poumons —
… Quel chagrin m'entre au cœur,
quel chagrin ? Aya ! Nuit ma mère[1] —

Ce port, un autre encore et un autre,
le même peut-être,
des poulpes cloués sur les murs —
des hommes accroupis aux marches du bleu

nouent et dénouent les vieux bruns de trame
d'un automne remonté des fonds boueux.
Le même soir, la même nuit, peut-être,
vidés de songes et piqués au mât
tandis que migre d'est en ouest.
La même aube, peut-être,
la gorge enflammée
et les rames plongent dans la chair,
blessant le feu sombre à la saignée des courbes.

Quelqu'un me dépense en clarté.
Ses capillaires battent laborieux
au bout d'un vaste réseau de veines dans la pierre.
Quelqu'un d'une cruauté, d'une douceur inavouables
avait besoin de mes opacités.

Maintenir cette lisière modeste face à l'interminable
où puisse se briser le marbre, et la langue s'écorcher.
Nous offrons au large cette mer balisée de flammes,
ce bruit de cœurs et d'ossements —
un peu de bonheur dépecé sur les grèves
et le long cri rituel qui fend les corps
rédimant la nuit.

Il a suffi qu'un seul nerf s'enfonce dans le monde —
que bouge une main entre les tiges infinies
pour qu'une voix s'éprenne de ces lueurs fragiles.
Il a suffi d'une larme pour l'absence —
du bruit du temps dans les pores
pour allumer des feux près des pierres
où le passant reçut l'olive et le vin.

Le bonheur certes n'a pas suffi, ni ce chant.
Il a fallu tailler dans l'azote bleu-neige des nerfs
la douleur et son cri inesthétique —
la rumeur chaque jour annulée des racines.

Il y a la mer, qui donc peut l'assécher [1] ?

Tant de mains s'agitent sous nos paupières —
ici et là au gré des fonds tu vois
les strates futures où les eaux retirées
d'autres soleils te reconnaîtront.

Récifs de villages, épaves, gorgones,
la lueur des sars dans l'embrasure —
un très vieil homme translucide dans les pierres —

Il n'est point de remède à ma parole [1].

Le ciel, la mer :
une seule couleur —
nulle césure, nul froissement entre les corps.

Pourtant là-bas
au milieu qui dérive —
cri retenu
gouffre d'ailes qui nous aspire —
peut-être une barque.

Il y a toujours un soir où tu t'arrêtes
insuffisant devant la mer.
Étroit.
Tant de mouvements foliés,
gestes profonds qui cherchent l'air.

Alors le seul silence d'être là
étonne la terre, congédie les lois.
Acquitté
évident par cette brusque liberté en toi du large.

Lumière ténébreuse qui fut ma lumière[1]...

Dans la matrice de la nuit
sur la face noire des eaux
un rêve assemble des figures —
tu ne sais plus quel séisme
ou appel augmente les vents —
une porte qu'ignorait le vide
est poussée par la rafale —

Le pas, la main, le pouls
rendus peu à peu au ressac —
s'éloignent à l'aube les caïques
et brillent un peu sur la tige
où quelqu'un les cueille
pour que reste inentamé le large.

Nous ne savons plus les fils qui lient
ces vents de résurrection
aux fonds inhabités.
Et d'où tenons-nous ces deux traits de feu
qui un instant nous clouèrent
une si claire douleur dans l'épaisseur des reins ?

Cette mer pressée saccagée par les vents —
notre route recollée de débris de fureur
sillon de ruse où hésite un espoir.

Les asphodèles sont droit fil à mer.
L'hiver sera tendre —
Des flammes blanches nous protègent.
Reflets de mémoire sur la vitre cassée —
couleurs de l'oubli.
Jette ton soleil poulpe mélodieux —
tu as tant aimé la mer sombre.
Un pêcheur défait la lumière sur le flanc
de poissons à peine plus grands qu'une étincelle.

Sentiers
ronces, chardons
craquelures de la peau
sentiers d'octobre
dans l'or blessé des icônes

et je vis aussi comme une mer de cristal mêlée de feu [1]

vois comme tout est plein
et fluide le brun des grès
sur la lame à double tranchant

et le tiers de la mer devint du sang [2]

et ton sang devint mer —
crépuscule d'octobre
lambeaux de thym et de sauge
d'île nue en île nue.

Ciel sombre de cyanose.
Une goutte d'oxygène y invente la danse —
ces lignes consument la musique.

L'aile
brille, plonge et rebrille plus sombre d'un rayon
cloué dans le dos.
Transparence qui n'explique rien.

Clinique

à René A. Gutmann

SOUS LE PLATANE DE COS

à Hygie, amante et nourrice des serpents sacrés,
à Podalire, penché sur la folie d'Ajax,
à Machaon, tombé en héros devant Troie, habile
       à extraire les flèches et à panser les plaies,
à Alcméon de Crotone, qui connut les accords et les
       désaccords des substances du vivant,
à Empédocle poète et médecin,
à l'esprit d'Hippocrate, aux auteurs du *Corpus,*
à Aristote, fondateur de la biologie,
à Hérophile de Chalcédoine et Érasistrate de Chio,
       anatomistes et physiologistes incomparables.

Et tout inspire et expire : tous, ils ont d'exsangues
Canaux de chair tendus sous la peau, partout sur le
    corps ;
Et partout, à leur embouchure, un réseau de fins sillons
    creuse
La surface de la peau au dehors. Le sang
S'y tapit, et l'éther s'est taillé au travers un facile passage.
Quand, loin de la peau, le sang délicat s'enfuit en
    bondissant,
L'éther bondit à sa suite, bouillonnant en vagues
furieuses... [1]

Effilement du nez
Enfoncement des yeux
Affaissement des tempes
Froidure des oreilles
Aridité du front
Faciès jaunâtre, livide ou plombé, parfois noirâtre... [1]

ce même visage qui chaque jour corrode ton visage,
ce même inexorable qui chaque jour mange à ta main,
ces mêmes yeux, cette même bouche traqués, affolés,
   suppliants,
soudain la lumière retournée sur sa terreur paisible,
son savoir incompatible avec la pourpre du ressac,
cette divinité claire dans les miroirs de glace de l'idée
qui brûle ses gonds dans la flaque salée, dérisoire,
la haute vitre claire et inutile cédant millimètre
par millimètre aux poussières des steppes, à la nage,
à l'adéquation impossible et mille fois recommencée
d'un goût tenace sur la langue et d'une figure géomé-
   trique.

bruits
corporels
comme
signes « Secoue le malade en appliquant l'oreille sur les
côtés... »

Bruit du vinaigre qui bout, des râles
Bruit de cuir que l'on plie, des plèvres enflammées
Bourdonnement d'amphores des grandes cavernes pul-
monaires
Tintement métallique, bruit d'airain et de flot dans les
épanchements d'air et d'eau de la poitrine
Bruit du sel que l'on décrépite à une chaleur douce
dans une bassine :
Râles d'œdème et d'apoplexie
Râles ronflants et sibilants de bronchite
Gargouillement de gangrène et d'abcès
Bruit de drapeau des fausses membranes mobiles dans
la trachée
Bruit de pot fêlé des cavernes sous la clavicule
Voix chevrotante ou voix de polichinelle des pleurésies
Frottements soyeux des feuillets enflammés du cœur
Souffle doux, humé, aspiratif de l'insuffisance et
Souffle rude, râpeux du rétrécissement de l'aorte
Bruit de moulin à vent des grands épanchements
traumatiques du médiastin.

76

L'auscultation, investigation clinique de grande valeur, découverte probablement par l'école pragmatique de Cnide si scrupuleusement attachée à l'expérience, est tombée dans l'oubli pendant 2000 ans. Il a fallu attendre Laënnec, candidat en l'École de Médecine de Paris à la chaire de la Doctrine d'Hippocrate[1], pour qu'elle soit redécouverte et admirablement développée à partir de 1819.

Dans la *Collection Hippocratique*[2], on peut lire la description (d'une façon erronée à propos de l'hydropisie du poumon) d'un « bruit de vinaigre qui bout », qui est bien celui des râles crépitants. Toujours dans *Maladies*[3], l'auteur décrit le son produit par le frottement pleural tel qu'on le retrouve aujourd'hui encore dans nos traités de sémiologie, « semblable à celui du cuir plié ».

Dans le *Traité de l'Auscultation Médiate et des Maladies des Poumons et du Cœur*[4], Laënnec, en étudiant « l'exploration du pneumothorax avec épanchement liquide à l'aide de la fluctuation », reconnaît avoir été inspiré par les textes hippocratiques qui décrivent cette pratique en plusieurs endroits du *Cor-*

pus. Il s'agit d'un bruit entendu en imprimant par les épaules une secousse au malade[1] : « Secoue le malade en appliquant l'oreille sur les côtés, afin de savoir si c'est à gauche ou à droite que siège le mal[2]. »

Hommage à toi, anatomiste accompli, auteur anonyme du *Traité du cœur* !

Observateur du beau feutrage musculaire et des valves souples tenues par des cordages comme toile d'araignée, leurs filins amarrés dans la substance ferme des parois.

Tu as vu aux portes de l'aorte et de l'artère pulmonaire, *ces membranes, de chaque côté, arrondies (...), en forme de demi-cercle* et qui, lorsqu'elles se rapprochent, *c'est merveille comme elles ferment les orifices.* Et c'est à gauche que la clôture est sans défaut, *comme cela doit être,* pour maintenir *l'intelligence innée* qui siège et *commande au reste de l'âme.*

PIIMA KHIRONAKTOS AGATHOU

œuvre-poème d'un artisan de qualité que le cœur !

Et tu as vu, la poitrine ouverte, *le cœur s'agiter en totalité, tandis que, isolément, les oreilles* [1] *(ces corps mous, sinueux qui n'entendent pas le cri) se gonflent et s'affaissent* [2].

Si tu veux que soient justes et efficaces tes soins,
considère les rapports de la maladie et du malade,
la nature propre de chaque personne et la nature
humaine universelle

la constitution de l'homme selon la diversité des
lieux, de l'atmosphère et du ciel,

examine les caractères propres à chaque âge, le
régime de vie, les occupations et les habitudes,

sois attentif aux paroles, aux manières, aux silences,
aux pensées,

tiens compte du sommeil, des insomnies, des qualités
et du moment des songes,

observe les gestes désordonnés des mains, les déman-
geaisons et les larmes,

les paroxysmes, les selles, les urines, les crachats et
les vomissements,

remarque la nature des maladies qui se succèdent les
unes aux autres, les dépôts annonciateurs de crise et de
ruine,

prends note des sueurs, des refroidissements, des
frissons et des éternuements,

étudie la toux, le hoquet, le rot, les gaz silencieux et
bruyants, les hémorroïdes,

124-9   *146-49

still using for

n'échappent à ta vigilance les issues d'humeurs, leur qualité et abondance,

qu'il s'agisse de lymphe, de glaires, de bile jaune ou de mélancolie, de chyle, de sanie ou de sang.

Concombres plantés en avril, sève si douce aux muqueuses des femmes, concombres d'âne et de mer,

Buprestes et cantharides, mouches vertes et or des pessaires,

Cumin d'Éthiopie, grains de Carvi, de Sisoya et de nigelle, propices à la fécondité,

Cyclamens aux chairs roses renversées,

Laurier blanc et l'apocynacée rose, laurier-cerise et laurier-tin, baies acides où germent des laits,

Lotus jaune du lotier à odeur de faix, bourdonnement d'or dans les vulves grasses du nénuphar des eaux,

Vieille peau de serpent pilée dans du vin pour hâter la délivre,

Myrte aux fleurs blanches, parfumées, myrte de Vénus, des magistrats et des athlètes, « eau d'ange », ombre de Daphné,

Baie globuleuse du poivre noir, grain de Paradis des poivriers d'Asie, que protègent les serpents,

Poivre de butin, de dot et d'impôt, infusion de poivre, boisson des rois,

Jujubier de Palestine et de Syrie, ingrédient épineux

de « l'eau céleste », arbre des Lotophages qui endort le souvenir,

Drupes à pulpe laxative, âcres, amères, vénéneuses,

Ellébore noir ou Rose de Noël, Herbe à feu aux tiges souterraines qui fortifient le cœur,

Ellébore d'Orient au rhizome vivace, purgatif, émétique, ellébore blanc ou herbe des sorciers,

Ellébore puant ou herbe aux bœufs,

Grain de Cnide propice aux fistules de l'anus,

Racine de mandragore à absorber le matin pour chasser le penchant au suicide...

Philiascos habitait près du rempart[1], *il s'alita ; le premier jour, fièvre aiguë, sueur ; dans la nuit, grande fatigue ; le second jour, exacerbation générale, mais le soir à la suite d'un lavement les évacuations furent bonnes ; nuit reposante. Le troisième jour, au matin et jusqu'à midi, pas de fièvre apparente ; l'après-midi fièvre aiguë avec sueur, soif vive, la langue commence à devenir sèche ; urine noire, nuit pénible, divagations de toutes sortes. Le quatrième jour, léger saignement de nez, sang pur, urines variées avec de petits nuages arrondis qui surnagent, ressemblant au sperme et disséminés à travers l'urine, pas de dépôt ; après application d'un suppositoire, faible émission de gaz ; durant la nuit, grande fatigue, courts sommeils, discours, divagations ; extrémités froides et impossibles à réchauffer, urines noires, faible sommeil à l'approche du jour ; perte de la parole ; sueur froide ; extrémités livides ; Philiascos mourut vers le milieu du huitième jour. Son souffle fut jusqu'à la fin grand, rare comme si le malade voulait appeler à lui. La rate fut gonflée ; sueurs froides jusqu'à la fin ; les paroxysmes se poursuivaient aux jours pairs*[2].

Journal de Patmos

Va, prends le livre ouvert dans la main de l'ange debout sur la mer et sur la terre...
Prends-le et mange-le, il sera amer à ton ventre, mais dans ta bouche il sera doux comme du miel[1].

Mangez
le livre

Quelle formidable douceur en cette arrivée à Patmos aujourd'hui à l'aube, sur une mer parfaitement lisse ! Le caïque glissait dans les gris déjà entamés ici et là d'une lueur plus vive ; la mer une vaste séreuse vivante qu'écarte en silence l'étrave. Dans la plaie voluptueusement ouverte les éclairs d'or de la chair. Puis, le dernier cap sombre contourné, sur la haute bosse dénudée derrière « Prophète Élie », la première poignée de lumière jetée sur terre : Khora. Déshabillé de sommeil, un amandier en fleur.

Et je me souviens d'une autre arrivée à Patmos, il y a des années. Nous errions depuis deux jours et deux nuits dans la tempête entre Cyclades et Dodécanèse, en ce fameux couloir où le vent du nord, le *Meltèmi* se déchaîne : c'étaient bien des vents de fin du monde et l'abîme s'ouvrait chaque fois que le caïque soulevé à une hauteur qui semblait vertigineuse était brusquement aspiré par le creux de la vague que je sentais sans fond. Puis au cœur de la troisième nuit, cette déchirure dans l'obscure confusion des eaux et des airs : les lumières d'une île. L'incoercible hurlement des Érinyes soudain apprivoisé et la mer couchée à nos pieds.

Pour une demi-heure, le miracle tranquille du monde assis sur le seuil de l'homme.

Il y avait des pépites rouges, ocre, bleues, dans les cheveux des Korès. J'entends encore leur rire pailleté de soleil qui danse au matin sur la mer tandis que le visage offert avec une parfaite douceur au temps dévore mon regard.

De la carrière de marbre, dans les derniers rayons, un homme monte doré de poussière et de crépuscule, épuisé.

Ces miettes de musique, tombées de quelle table parmi les chiens qui se mordent?

A Patmos, où la tradition veut que saint Jean ait eu les visions de l'Apocalypse, un soir que le vent du Nord brusquement levé chasse les grands nuages rougis du couchant, la terre mise à nu irradie une chaude confiance. En ce moment précis rien ne veut détruire le monde, aucun homme, aucun dieu, le « Royaume » est là mêlé aux bruits, aux bougements les plus simples. Et le temps terrible s'use en nous usant. Ne reste que cette lumière : la part la plus illisible de la nuit.

Les caïques du petit port hissés sur le rivage : on les gratte, les brûle, les repeint. Les longs filets bruns étendus sur le quai : les mailles de la lumière sur un fond à galets d'une baie. Un pêcheur manie avec agilité la grande aiguille à raccommoder. Un peu plus loin trois hommes se penchent sur les entrailles d'un Diesel démonté : augure.

Regardé Spiros, le maçon, bâtir un mur de pierres sèches. Dans le tas de pierraille l'œil et la main piquent la pièce qui s'encastre exactement dans la place vide. Cette pierre quelconque, pierre du hasard, raboteuse, indécise, devient brusquement l'évidence.

Calliopi, Despina, Eftichia, Katina. Femmes de pêcheurs, mes voisines. Les hommes je ne les vois que sur leurs caïques ou le soir à la taverne. Je pense aux femmes de Simon et d'André, de Jacques fils de Zébédée, de Jean son frère, dont les Évangiles ne soufflent mot.

Elles se lèvent avant les hommes, en pleine nuit, pour préparer le premier repas du jour. A peine les caïques ont-ils quitté le port, déjà se réveillent les vieux, puis ce sont les enfants, la maison, la lessive, la cuisine. Chacune d'elles est affligée de quelque mal, plus ou moins secret, qu'elles viennent me confier, m'apportant qui un œuf frais, qui un poisson. Ce dont elles souffrent vraiment, elles ne le savent pas. Le soir, la maison brille, le linge propre sent bon dans l'armoire, les enfants traînent encore dans le port et les hommes se retrouvent au café ou à la taverne.

Au début de juin, le maigre blé qui pousse entre les pierres est déjà moissonné, lié, les gerbes rassemblées autour des aires. Le dépiquage est fait au traîneau, lesté par le paysan qui encourage à grands cris de hé et de hua l'âne ou le mulet qui tourne. On ne procédait pas autrement du temps d'Isaïe en Judée. Cette opération terminée, les hommes jettent avec leurs fourches des paquets de blé foulé dans le ciel, laissant au vent et à la pesanteur le soin du partage. L'aire devient alors une fontaine de lumière incarnée d'où jaillissent par saccades des nuées d'or sombre. Byzance rustique. Notre pain, cette part qui pèse.

Qu'y a-t-il, que se passe-t-il entre ce qui tombe et ce qui s'envole? Entre ce qui pénètre dans la bouche de l'homme et ce qui en sort?

Athènes, Acropole.
Clic-clac, Kodak était là. On ne voit que des gens qui posent près des colonnes, que d'autres visent, accroupis ou à plat ventre. Des cuisses, des nombrils en veux-tu, en voilà. Tous les vingt mètres on entend un guide débiter son boniment en anglais, en allemand, en français. Les dieux sont au musée. Ce sphinx aux cheveux tressés, aux yeux gourmands, par exemple. Il (elle?) a l'air de savoir. Quoi? Le bruit est tel et l'ennui si constant sur les visages qu'elle ne dira rien, ne se jettera sur personne. Voici le jeune berger qui porte un veau sur les épaules. Avec légèreté, l'air épanoui il semble sortir d'un tronc d'arbre, allant à la rencontre d'un matin du monde.

Matin sur une rive déserte. Les bonds que fait le jour dans la transparence des eaux vertes. Craquement lumineux de hautes tiges sèches, brisées dans le feu qui prend imperceptible sur la mer. Le monde veut jouer, chanter, s'étendre. Fendre l'air, tournoyer autour de la barre d'un mouvement continu. Balbutiement du bonheur et bientôt les cris des bergers sur les pentes. Comme elle nous soulève la lumière! Flamme blanche tout en haut dans la rouille des falaises : une chapelle

90

ou une mouette. Midi. En bas la mer, étincelante et sombre à force de lumière. Gouffre patient.

Et qui t'écoute ? Et qui t'entend ? Tu me parles d'un feu, d'un torrent intraitables et je ne perçois qu'un murmure et des sons noués en énigme. Montre-la-moi en plein jour la bête qui te ronge, celle qui te ravit !
Je n'ai rien d'autre que ce bruissement d'une grève où se brise la parole. Rien que la paume nue des galets. Rien que ce vent qui a traîné ses hardes sur des pierres aveugles, les herbes d'un jardin, la peste d'une charogne. Rassemble ton tribunal et arrose de pétrole le chant et la chair répudiés. Donne-toi du cœur par ce grand feu !

Le chemin en lacet qui longe la côte au sud-est de Skala est découpé dans le flanc de hautes falaises qui descendent hostiles dans la mer. Au crépuscule, tournant le dos au soleil couché, j'aime marcher à l'ombre mûrissante des granits, vers le ciel d'Orient qui fonce. Soudain, derrière une masse sombre, s'allume dans un virage le sein gauche d'une chapelle. Sa blancheur irradie, pudeur égarée dans le rauque, le raboteux. Pendant que lentement elle se consume, s'épuise, pendant que les pieds trébuchent et que la langue balbutie, cette eau limpide, si proche et si incompréhensible dans le visage qui avance vers la nuit.

Sur cette digue qui ne contient plus la tempête, ni la marée de l'indifférence, sur ce brise-lames qu'ont déserté les prêtres et les philosophes, un pêcheur raccommode son filet et chantonne.

A Patmos, comme partout où il a existé une tradition d'architecture populaire, la tristesse, la monotonie, la laideur agressive des maisons neuves, bâties par des Grecs qui se sont enrichis en Amérique ou par ceux que le tourisme commence à engraisser.

Face à la simplicité immédiate des vieilles maisons rythmées par la croissance organique des éléments de base selon les besoins de la famille, surgissent les fausses colonnes, les fioritures. Le patio intime est remplacé par la terrasse sur rue, l'imprévu des volumes, des solutions architecturales troqué contre l'anonymat et la répétition du prêt-à-porter. Eschatologie à notre mesure.

Amorgos. Monastère de la *Panaghia*.

Cri blanc dans la chute sombre d'une falaise. Nudité brûlante, prière. Dans le bleu absolu, l'entêtement d'une poignée de chaux. La nuit venue un vent noir nous rançonne. En bas la mer se durcit sous le trépignement des étoiles.

Réveil à trois heures du matin. Office. Dans la fenêtre minuscule Orion est plus proche que la mer. L'abbé et un très vieux moine psalmodient à la lueur d'une seule bougie. Deux longues heures de récitation monotone, entrecoupée de chants aussi peu mélodieux que possible : une voix démunie s'égare sur les eaux. De temps en temps l'officiant encense les icônes, un siège vide. Il court à la fenêtre guettant avidemment la première pâleur, comme si l'aube pouvait nous délivrer d'un combat inégal.

L'instant avant que l'île devienne noire de nuit, toute lumière se réfugie dans les murs.

Écrire un poème est chaque fois rapprendre à parler.

Miroirs. Pas un muscle de l'air ne trahit notre attente. Nos gestes s'annulent dans l'équivalence des profondeurs. Une barque et son pêcheur rament à l'envers. Un paysan assis sur sa mule marche sur les eaux puis glisse entre les rochers sans rien déranger dans les asphodèles. Du village une odeur de lessive et des cris de femmes grimpent dans le ciel. Des milliards d'années de lumière jetées sans un pli sur la peau lisse de la mer.

Dans le ciel de Patmos, un soir : ailes perdues en flammes d'un vol d'anges exterminateurs. Tu peux dormir là-haut dans ta grotte sous les icônes enfumées. Il se trouve toujours quelqu'un qui veille aux rives divisées de la parole.

Octobre 1971.
    Georges Séféris, si présent, je ne le verrai plus.

La voix un peu traînante, sourde, retenue par je ne sais quel étonnement profond, de méditation inachevée. Le regard se pose derrière moi sur un horizon que je ne connais pas. « Tu sais, tu sais », il rit, et son rire semble remonter d'une plongée marine, d'une cité engloutie, « il faut que je te raconte ça ». Un geste lourd, comme pour congédier l'événement pressé, une apparence.

Nous sommes rue Agras, près du stade où « courent les très jeunes amazones qui transpirent », dans cette maison passée à la chaux des îles, dans cette chambre où il y a des livres et un bureau face au petit jardin de dix pas, avec son peuplier dont les feuilles, quand la lune est pleine, dessinent « des pas noirs sur le mur blanc ». Plusieurs dessins de la Gorgone qui arrête les bateaux en criant aux capitaines sa question : « Le roi Alexandre est-il vivant ? » Si le capitaine a le malheur de répondre « Non, il est mort », son bateau est coulé sur-le-champ.

On parle, on se tait. Je regarde un pan de lumière jeté sur le sol. Nous buvons un café « metrio » en compagnie de Maro. Je prends entre mes mains un pantin bricolé avec des bouts de bois qu'on ramasse sur les rivages. « J'aime bricoler », dit Georges. « Tu sais, c'est la même chose pour la langue. »

Je viens de lire son essai sur Cavafi et je suis intrigué par cette attraction-répulsion qu'on sent chez lui vis-à-vis du poète d'Alexandrie. Je joue au psychanalyste. Il me dit : « Tu sais, les psychanalystes ont fait un tas d'analyses très profondes sur Cavafi. J'aurais préféré un bon horoscope. »

Un des sujets auxquels il aime revenir est sa langue, la plus vieille et la plus jeune de toutes. « Elle porte les empreintes de gestes et d'attitudes répétés à travers les âges jusqu'à nous », dit Georges. Je l'ai souvent écouté parler aux chauffeurs de taxi, aux villageois. Il palpait cette langue parlée comme on palpe un caillou ou un fruit. Il était à l'affût d'expressions, d'images qui venaient de très loin, en route peut-être depuis Homère ou les évangélistes. A l'affût aussi de toute tradition orale. Ainsi à Delphes un paysan lui dit près de la source de Castalia : « Ces platanes là-bas sont ceux qu'a planté Agamemnon lui-même. — Agamemnon ? » demanda Georges stupéfait et ravi. Le paysan jeta un regard condescendant sur cet ignare qui se trouvait sur son chemin. « Bien sûr que c'est Agamemnon, reprit-il, qui voulez-vous que ce soit ? »

J'ai fait un rêve étrange, me dit-il un matin en regardant du haut de la terrasse vers l'Acropole. Je revenais d'un long voyage et je suis arrivé à l'Acropole au milieu d'une foule où je ne connaissais personne et où personne ne me connaissait. Pourquoi cet attroupement ? demandai-je aux gens autour. Alors quelqu'un m'explique qu'il y a une vente aux enchères et que si la firme américaine de dentifrice l'emporte, la Grèce va pouvoir émerger pour des décennies de ses difficultés économiques. Et effectivement, j'aperçois entre les colonnes une table couverte d'un tissu vert et, derrière la table, un homme barbu, à lunettes, vêtu d'un complet noir, un marteau d'ivoire à la main. Il avait l'air d'un chirurgien... Mais qu'est-ce qui est mis aux enchères ? demandai-je. Alors le même bonhomme de m'expliquer que le gouvernement, pour sortir de l'impasse, a eu l'idée géniale de mettre en vente le Parthénon. Ces vieilles pierres, disait-il, à quoi peuvent-elles bien nous servir ? Et à l'instant même le marteau s'est abattu et les gens criaient tout autour : Adjugé ! Adjugé ! — Les Américains l'ont eu, criait mon voisin hors de lui. Puis la foule s'est dispersée et je me suis retrouvé seul. J'ai vu le Parthénon horriblement mutilé, sans fronton et sans corniches, ses colonnes sculptées en forme de tubes de dentifrice aux couleurs criardes. Je me suis dressé sur mon lit en hurlant.

Nous irons à Delphes, en mai peut-être, lorsque entre les pierres il y a des mauves et des coquelicots. Avant d'arriver, un peu après Livadia, il y a un croisement. Aucun poteau indicateur, nulle inscription. Personne ne s'y arrête. Ici se croisent les sentiers de l'histoire et ceux de notre vie émotive. Ici, Laïus et Œdipe échangèrent des paroles vives. Ici Laïus trouva la mort par la main de ce fils qu'il avait demandé à la Pythie.

Delphes, le sanctuaire, la Pythie. Pytho : je pourris. Apollon tua le terrible dragon des ténèbres souterraines, le dénommé Python, et le laissa pourrir sur place. « Bon terreau, me dit Georges, pour les grandes vertus d'Apollon. » Et en parlant d'Œdipe : « Nous sommes plus préoccupés par les définitions et les symboles que ne l'étaient les Anciens par les éructations de la Pythie. » Un silence, puis il ajoute : « Plus d'Œdipe, ni de Pythie, mais un *complexe*. Qu'est-ce qui est mieux ? On ne sait pas. »

Nous montons vers le temple d'Apollon. Nous nous arrêtons devant le mur de soutènement de la terrasse, ce mur aux grandes pierres hexagonales, irrégulières, qui s'ajustent comme si elles avaient mystérieusement maîtrisé le hasard. Georges les regarde longtemps en silence puis me dit : « Tu sens le mouvement des ouvriers dans tes mains ? » Silence encore. « Tu te souviens de cette page sans ponctuation ni paragraphe de Makriyannis que tu as regardée chez moi ? Elle a même rythme que ce mur. »

En approchant du sanctuaire il se souvient d'une histoire racontée par Plutarque. Un jour des étrangers, des gens importants, vinrent au sanctuaire pour interroger l'Oracle. Les prêtres firent l'épreuve habituelle avec une chèvre pour savoir si le jour était propice ou non. La chèvre qu'on aspergeait d'eau devait frissonner pour signifier l'accord du dieu. Ce jour-là la chèvre ne frissonna pas. Il était difficile de rester sur cet échec devant ces personnages de marque. On n'hésita donc pas à faire subir une véritable douche à la chèvre qui cette fois daigna frissonner. Puis on fit descendre la Pythie qui semblait plus réticente encore. Dès qu'elle eut proféré ses premières réponses, sa voix devint sauvage, désarticulée. Elle était comme un bateau pris dans la tempête. Enfin, tout à fait déboussolée elle se précipita au-dehors.

Nous passons devant la maison du poète Sikélianos, mort en 1951. Un jour, durant sa longue maladie, Georges lui rendit visite, alors qu'il venait d'avoir une perte de connaissance. « J'ai eu une expérience formidable, lui confia-t-il, j'ai vu l'obscurité absolue. C'était très beau. »

L'Aurige. Vous le connaissez. Ces mèches ordonnées avec précision au-dessus du bandeau, la grappe de boucles devant l'oreille, le ruissellement horizontal des plis autour des épaules, les vagues devant la poitrine, puis la chute verticale à partir de la ceinture, la perfection des pieds. Le léger décollement de la plante du pied gauche, la contracture des muscles jambiers, cette *vitesse de l'immobile*. Je regarde les rênes arrachées. L'abîme vient d'engloutir ses chevaux.

> *Il y a des années, tu m'avais dit :*
> *Au fond je suis une question de lumière.*
> *Et maintenant encore lorsque tu t'appuies*
> *aux larges épaules du sommeil*
> *ou lorsqu'on te plonge*

dans le sein engourdi de la mer
tu fouilles les coins où le noir
est usé et ne résiste pas.
Tu cherches à tâtons la lance
destinée à ton cœur
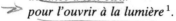 pour l'ouvrir à la lumière[1].

JUDÉE

à Sarah

Si la lumière qui est en toi est ténèbre, quelle ténèbre [1] !

Au commencement, — mais au commencement il y a la fin. Le communiqué, plus gris et plus banal que la notification du prix ce jour-là des pommes de terre au marché, annonçant la mort d'un homme et d'une jeune femme tués dans une embuscade près du Jourdain.

Ces jours et ces nuits, immobiles, enfermés dans un caillot noir que forment ensemble la conscience et le temps. Dehors, le rêve continue. Des hommes et des femmes s'affairent, se couchent et se lèvent, se déplacent avec un naturel suspect et blessant. Des visages pressés, des regards qui savent, ici et là un sourire incompréhensible, rebondissent sur cette paroi, distraits par des images irréelles. Tu es là, assis, essayant de comprendre, faire que les choses soient vraies, résistantes, mais comment ? Tu ne savais pas encore qu'au cœur de la tragédie, ignoré des spectateurs et des mimes, il y avait cette stupeur, cette maturation immobile, ce terrier où pourrit lentement la brume des visages. Des bouches te parlent, des yeux te regardent, mais rien de tout cela n'arrive jusqu'à la douleur. La pure détresse de la bête, comme elle mine les mots et les images ! Puis un jour, au bout d'un long souterrain, quelque chose comme un agenouillement. Sur le mur d'en face, la confiance, la douceur inexplicables des ocres. Une légèreté dans l'air que tu croyais à jamais éteinte. Par les fentes remonte le matin. Non, tu ne trahiras pas la nuit. Les yeux de l'obscurité regardent les plis qui retombent, maladroits, de la lumière. Une fois encore la vibration traverse la rue, la cave résonne, la musique te paralyse. Et tu sais que jamais ta voix ne passera là où se brise la fraîcheur. Mais ces mots qui reviennent encore, accueille-les, si tu peux, avec humilité.

Tu tends ton visage dans la lumière dont sont mortes les eaux.

Descends encore si tu peux. Et avance une main confiante dans la trame qui brûle ses couleurs. Elle heurtera peut-être ces poudres où se tait si intensément la mélodie.

Tu voulais toucher dans les nappes rugueuses ce bruit des eaux depuis longtemps calcinées. Fendre le pelage et les peaux de la vision, sentir le grain de ces sons qui sourdent des nappes désolées.

Tu voulais le remous de cette vibration, la joue rêche de la pierre à meule. Toutes herbes astringentes qui fument sur les pentes ébréchées.

Ces rassemblements et ces dispersions entre la paume du silex et son tranchant s'accordent peu à peu à une respiration, à la foulée sourde des capillaires où s'enfle et se rétracte la méduse archaïque de la mémoire. Quels accords ? Quels liens ?

Éternuement de poussière, le va-et-vient prudent

dans les cellules et parfois la noirceur d'une branche où d'un coup se renverse le flux.

Sur les pistes monotones la chimie insolente de ton âme.

Mais accueille dans ta langue ce venin inconnu...

Arrête-toi et regarde.

Retourne-toi dans la hâte du courant, malgré les pierres, malgré les branches qui déferlent dans l'incoercible rayonnement. Sois souple dans le mur. Enfant tu savais dénicher la truite dans le torrent.

Des milliards de gouttelettes, regarde, accrochées sur les pointes d'un haut pin de quartz immobile. Qui a blanchi les murs de la citerne vide ? Tu ne vois dedans ni les feuilles, ni le soleil, seulement les mailles du filet qui jouent innocentes sur une eau dont tu gardes ce visage à tire-d'aile.

Passent les hommes de Madian, marchands de gomme, de résine et de laudanum, en route vers l'Égypte.

Parfois, parti avant l'aube sur les sentes caillouteuses, quand heure après heure les montagnes chauves, les grès blonds et les noirs prés de roches sur l'enclume indéfiniment se recomposent, pris de vertige je m'asseyais au cœur du jardin pillé, achevé, où pas un cil ne bouge de la lumière. Criblé d'une fixité mille fois réverbérée, à l'ombre d'une si calme catastrophe, j'écoutais le travail de sape minutieux des millénaires. Je touchais à quelque chose d'infiniment perdu, d'à jamais inguérissable, un lieu saint. Le rabâchage de distances et de temps se trouait tout à coup d'une décrue de l'espace aspiré dans les caves obscures de cet embrasement.

Je me suis mis à écrire cette histoire — ce que je croyais être une histoire — avec le même entrain qui me lançait au petit matin à la poursuite d'un monde rançonné. Je me disais, certes, que de touffe morte en touffe morte j'allais un jour apercevoir la claire poitrine, le dos cendre et sable, les fines pattes blanches du Sirli des déserts. Qu'enfin j'entendrai ce chant hors d'haleine qui monte par paliers, — la double note longuement étirée, happée par le cristal.

Je m'aperçois maintenant que la carte que je voyais si bien dessinée en moi est faite de pièces et de morceaux, pareille à ces rouleaux de textes démembrés, réduits à des rognures, que les fouilleurs de Qoumrân ramassaient comme des pétales de pommiers jaunis dans les marnes. Et au bout d'années de patientes recherches, ces pages mitées souvent ne livraient que des mots épars, le sens perdu à jamais.

Pour commencement, le labyrinthe géographique d'un continent en guerre. Ici et là un nom furtivement lu en se hissant jusqu'au carré de ciel grillagé d'un wagon à bestiaux. Des milliers de kilomètres de nuit sur une terre en désordre, des nuits qui ne voulaient plus de la terre, une terre qui ne voulait plus de l'homme. D'autres nuits trop courtes pour le fuyard, d'autres kilomètres trop longs pour la faim. Tout cela pour aboutir à d'autres baraquements, à d'autres questionnaires, à de nouvelles attentes interminables, au même breuvage d'eau tiède de vaisselle. Plus loin, des villes baignées de lumière, des noms de lieux cernés d'un halo de rêve et d'imagination d'enfance. Puis un jour, des portes ouvertes et la foi naïve d'être arrivé quelque part, à quelque point d'eau où la fraîcheur du puits et le monde lisiblement reflété dans le miroir qu'il forme, devaient expliquer, exempter tant d'obscurité. Certes, il y avait, pour nourrir l'espérance, le formidable appétit d'apprendre et les promenades nocturnes dans les rues désertées. Mais très vite apparaissaient les liens d'un plus profond sommeil, d'une plus subtile privation. Et un jour, dans cette opacité nouvelle, la brèche attendue : l'Orient. J'y allais comme à une soif qui gouverne les errants à la chute des saisons.

Comme ces années furent lentes à ton impatience de savoir ! Années brûlantes, levées dans la grisaille du petit jour, dans une ruelle qui sent le pain qu'on vient de sortir. A chaque printemps la terre, doucement, patiemment interrogée, son immense faculté d'oubli violée. La tendresse de recueillir une pierre brisée par le temps, de dégager un angle de mur effondré entre les vipérines de Judée, de dénicher un gîte d'iris noir — Iris petrana — sur les hauts plateaux déserts de la Transjordanie. Reprendre d'année en année d'une main hésitante l'écriture dans le flanc des montagnes, dans la fracture d'une roche, au fond d'une cuvette d'argile asséchée. Lire dans la mémoire d'un scribe inconnu le mot qui manque. Surprendre un jour sa main à même le tressaillement d'une eau oubliée. Et la guérison si brève d'une âme d'errance où affleure un secret, de nouveau dispersée. Sur les mêmes pistes usées, seul restait dans les couleurs du lisible, intact, l'œil grand ouvert de la nuit. Et tu repartais au matin.

Le chant du Sirli atterrit au pied d'un buisson épineux.

Le train s'arrête. Dehors il fait jour. Le carré de ciel couvert s'immobilise dans l'odeur d'urine et de fèces. Sur le tremblement des uns et l'indifférence des autres, écroulés de fatigue, de maladie. Le vent qui rase les barreaux de la lucarne mêle sa plainte à celles que plus personne n'entend. Entre les roues lourdes qui ont longtemps grincé s'installe un silence maudit. Attente.

Attente d'un trou plus grand et plus sombre au fond de cette tanière étroite où suinte une mauvaise clarté. S'étendre et dormir. Dormir couché. Dormir de son poids de dormant, confiant et magnifique, se laisser écraser par le sommeil. On traverserait la ferraille, le ciment, le rocher. La faim, le froid, la puanteur absorbés par l'obsession lancinante d'un rectangle de confiance, un lit ou un tombeau.

Maintenant les oreilles perçoivent l'orage qui se lève au loin sous les rails et roule sous la croûte qui enfle de proche en proche au fur et à mesure que gagne l'inflammation. Puis sans même laisser le temps au cerveau alerté de mener à leur terme les images de la peur, tout air et toute terre à l'entour déchirés dans un tintamarre assourdissant. Pentes successives de sifflements sauvages qui s'écrasent et éclatent dans un criblement féroce.

« Ouvrez les portes ! » hurle quelqu'un quand la première vague est passée. Silence. Rien. Des gémissements timides, qu'ensevelit déjà le mugissement de la vague suivante qui se brise. Puis, de nouveau, posé sur les débris, le mutisme terrifiant, moule fantastique du vacarme et plus ahurissant que lui. Pour une seconde, l'espace de ce trou misérable suspendu dans le vide. Et tout recommence. Ces vents jouent à mélanger le fer, le bois et la chair. Au travers du toit déchiqueté un ciel gras de fumées coule dans la pénombre. Un homme, là-bas, cherche désespérément à se coucher : il tient entre ses mains ensanglantées une masse bleuâtre, luisante, parcourue de mouvements de reptation. Il s'effondre.

Soudain, le printemps sur le pays nu.

Je ne l'avais jamais vu aussi véhément, aussi barbare.

Cavalerie d'Asie, le ventre des chevaux blanchi de sueur, harnachée de rouges, de bleus, de jaunes, les sabots résonnent derrière les volets clos de la mémoire. Comme ils nous labourent les muscles qui ne cillent !

Hier, en descendant par Quilt, j'ai vu le même lac d'anémones où tu avais couru comme désespérée de fraîcheur, l'âme essoufflée par tant de manque.

Ton nom ? Mon nom ? Illettrée lumière.

Seulement cette chose que le matin déplie, rameau qui veille au toucher des eaux, gnose blanche des artères.

Et la terre, en nous, cherchant ses poumons, les paupières gonflées dans le bourdonnement du vert, tiré de la grappe d'une seule nuit !

Dans les premiers jours d'avril un couple d'hypolaïs pâles venait prendre possession du jasmin qui formait un épais rideau de branchages contre la grille de ma fenêtre. Un matin, à l'heure indécise où des bougements frêles préparent la montée, mâle et femelle entamaient une conversation d'une fluidité, d'une mobilité et d'un pouvoir de pénétration tels qu'aucune matière, ni pensée ne pouvaient lui résister. Mon dernier sommeil s'en trouvait miraculeusement allégé, ajouré d'un bonheur inconnu. Et en me réveillant dans la lumière glauque, je tentais en vain pendant un long moment de déchiffrer ces signes liquides dont le sens m'avait paru si évident lorsqu'ils pénétraient, en les dilacérant, les dernières images d'un rêve oublié.

Un matin, après une nuit plus brève que de coutume, j'abandonnai la voiture dans la plaine de Beit Sahour, près de Deir Dosi, et m'engageai à pied dans le désert de Judée vers l'est. Au bout de quelques kilomètres je retrouvai le ouadi er-Rabâbi. Lorsqu'on franchit à cet endroit la rive relevée du plateau, l'étendue se creuse avec une soudaineté telle sous les pieds qu'il faut

111

S'y accoutume ?

s'asseoir au bord d'un monde ; changer de souffle. Le
regard est saisi, emporté dans un glissement vertigineux
jusqu'aux fonds ensoleillés d'une mer très ancienne et
dont toute la fourrure d'eau et d'écume a été transmuée
en respiration de lumière. Là-bas, vers la droite, le
pétale vénéneux du Lac Puant.

Au bout d'une demi-heure de marche j'atteignis
l'ouadi en-Nâr, à la confluence du Cédron et du er-
Rabâbi. L'oued, d'abord élargi, change rapidement de
direction en se creusant un lit profond et tortueux dans
le talus cénomanien. Ouadi en-Nâr, ouadi du feu :
pendant les mois d'été, au fond de ces gorges, l'air
immobile entre les hautes parois calcaires nous prenait
comme des mouches dans sa glu. En ce début d'avril, il
y avait encore par endroits, au fond de bassins naturels
faits d'énormes blocs de pierre, un peu d'eau croupie,
couverte d'une mousse gris verdâtre, filassée de blanc.

A quatre ou cinq kilomètres de là, bâtie dans la paroi
escarpée, on devine, fondue dans le paysage, la tour de
garde du monastère de Mar Saba.

Mar Saba ! Bagne de méditation ! Quelques ombres
oubliées des siècles y rôdent sur les terrasses blanchies,
dans les couloirs étroits. Ombres maigres qui dérivent
dans la sécheresse. Ombres qui prennent le jour par
leurs os, par leur barbe, jusqu'à émiettement. J'aimais
cette demeure d'une flamme qui s'épuise dans les
rochers, ce lieu où tout est déjà arrivé et encore rien.
Tête-à-tête inoubliable de nos gestes obscurs, hésitants,
avec la dureté du scintillement. Et quelle musique
pouvais-je entendre dans les rehauts de cette indiffé-
rence qui râpait sans fatigue les contours où brûle le blé
des formes ?

Je fus arraché à ma rêverie par des appels. Je n'avais

pas remarqué, non loin de là, les tentes d'un campement de bédouins Ta'âmireh. Les larges rayures brunes et beiges se fondaient parfaitement aux strates du terrain calcaire, où les silex forment des bancs épais, ondulés sous la pression du mouvement orogénique. Je m'approchai. Sous une tente grisonnait un foyer de braises, la théière, jadis bleue, toute noircie, placée à même la cendre. Une femme se mit à ranimer le feu ; les hommes vinrent aux nouvelles. Le soleil était à mi-hauteur dans le ciel ; un air frais circulait sous la tente par les bordures relevées ; fraîche était au travers du natté brun du tissage la circulation de la lumière.

A quand remonte cette halte, parmi tant d'autres semblables, sous une tente de Ta'âmireh ? Je ne sais, mais je sens encore cette porosité brune du jour sur la peau, l'odeur de chèvre et de cardamome, le goût d'absinthe et d'argile, légèrement écœurant du lait de chamelle. Quel printemps était-ce dans la course de plus en plus affolée des saisons ? Je ne sais pas. Les mêmes Abou Dahouk vinrent frapper des années plus tard à ma porte. Une guerre de plus venait de balayer le désert. Ils étaient là, immobiles et silencieux dans le petit matin, juchés sur leurs chameaux. Sur l'une des montures, ligoté dans la selle, un jeune berger bédouin était affaissé sur le garrot. Ils avaient cheminé toute la nuit depuis leurs campements dispersés. 'Abed Abd el Fattah avait la moelle dorsale sectionnée par une rafale. Un an après je reçus une lettre d'un institut pour paraplégiques, dans un pays occidental : « Je suis bien maintenant. J'ai appris à lire et à écrire, c'est bien. Les gens ici sont très bons pour moi. Il y a un grand jardin, de l'eau, beaucoup et des arbres. Je sais que je ne bougerai plus mes jambes. Je roule avec ma chaise. Je vais bien. Mais dis aux miens qu'il faut que je rentre. Vous ne pouvez pas me laisser mourir ici. Que Dieu te garde. »

Je repris mon chemin à travers le plateau intermédiaire. Je quittai les méandres de l'ouadi en-Nâr, avant qu'il ne creuse de nouvelles gorges dans le dernier contrefort du massif judéen, et j'obliquai au nord-est, en direction de l'ouadi Qoumrân. Je laissai à ma gauche le Muntar, le Mird de Jean Hyrcan et Zouweira. Sur leurs flancs rabotés perçait une tendre lueur de vert, une idée d'herbe naïve chantait dans la désolation. Deux grands troupeaux faisaient onduler une écume de lumière. *Bouvier je suis, pinceur de sycomores*[1].

Je descends le sentier abrupt qui sinue entre les grottes. Au moment où j'arrive en bas, le haut mur calcaire où s'adosse la plate-forme marneuse des Esséniens est déjà dans l'ombre. Devant moi la masse étincelante et maléfique d'une pierre précieuse liquéfiée, violet sombre. En face, les hauteurs plissées du pays de Moab sont glorieuses de clarté.

Et ils rendirent mon âme pareille à un bateau dans les profondeurs de la mer[2].

Le soleil s'est couché depuis une bonne heure et les montagnes à l'est dansent encore, enveloppées de leur hâle de musique étouffée.

Je cherche un endroit abrité où étendre mon sac, et j'attaque mes provisions, tandis que pierres et ciel hésitent entre crépuscule et nuit. Puis le noir s'installe d'un coup, immense, omniprésent, sans cesse approfondi par le crible des étoiles. Nuits du désert où l'on s'endort les yeux grands ouverts, fasciné par la solitude d'une ampleur qui ne se brise pas, où l'on écoute le rien entrer dans les battements de son cœur. Et la pensée court, vérifie et ne comprend pas. Comme elles sont trouées ces nuits où tout est soudain familier !

Levé avant l'aube, impossible de dormir plus long-temps. Air pur et froid. Les étoiles pulsent avec une telle intensité, le silence est tel que tu veux crier, mais tu n'entends que cette pulsation, au-dedans, au-dehors. Puis le vent se dresse dans les caves de la terre. Maintenant tu vois le noir qui prend l'eau. L'immense poitrine du Ghôr immobile se soulève. Et en toi, tout un monde qui se presse dans les couloirs vers une clarté qui n'est pas encore.

Je descends jusqu'au rivage vaseux, ourlé de sel. Je tâte l'eau épaisse qui colle à mes doigts. Odeur de potasse et de soufre. Quelques kilomètres plus loin au nord, la piste rejoint la route de Jéricho. J'arrive près d'Aqabat Jaber quand le soleil jaillit de derrière les crêtes de l'autre côté de la vallée. Comme la lumière est heureuse, familière, comme elle se laisse caresser sur les murs de torchis !
Je vais directement à Aïn es-Soultane pour me débarbouiller. C'est l'heure où les femmes descendent à la source et repartent, le « tanaké » de fer-blanc chargé sur leur chef. Entre le poids immobile sur la tête et les voiles illuminés, le balancement des longues robes noires.

L'approche du jour à Qoumrân! L'abcès solaire mûrissait si vite dans l'épaule des monts de Moab! Les jours dévalaient les pentes de l'ouadi Dab'r, aussi secs que les excréments de chèvres sur les sentiers de la falaise. Et chaque matin, lancé plus haut dans le bleu, faisait résonner le métal frais de la lumière. Dans le pur royaume minéral où vécurent les guerriers ivres de clarté et de sécheresse, des pousses de *r'tem* s'enhardissaient. Là-bas, à quelques kilomètres vers le sud, en direction de Sodome, les lauriers d'Aïn Fechka avaient des flammes vertes dans le contre-jour.

Les fils de la lumière! Feu inextinguible de pureté et de haine! L'homme de cupidité et de mensonge, l'homme de luxure et de négoce, décapé, brûlé, rendu au désert, nomade de l'Absolu.

Hommes incléments, debout avant le jour, ils déroulent encore tournés vers l'est leur tapis de verbes martelant le seuil, — comme ils soufflent sur les braises de l'incendie!

Couchés près de l'oued, ils attendent le jour du courroux pour abattre les ténèbres et les fils de ténèbres.

Et nos cavaliers sont comme nuages,
Brouillards de rosée qui couvre la terre [1]...

Journées exaltantes et vaines dans les flancs arides de la montagne ! J'avais du mal à suivre 'Abed qui bondissait dans les rochers ; plus c'était abrupt, plus il se sentait à l'aise. Dans les grottes où d'autres avaient trouvé la fortune, nous tombions inlassables sur le même amoncellement de crottes de chèvres et de fientes de chauves-souris. Un peu avant la tombée du jour, l'œil douloureux, le visage cuit, nous retrouvions notre campement. Le plat de riz ou de nouilles avalé, nous nous installions au bord du plateau, face à cette lucidité qui au fur et à mesure que s'éteignent à l'est les hauteurs, fourmille si fort dans l'ombre de la plaine.

'Abed fumait en silence une cigarette roulée avec soin, puis se mit à raconter des histoires de chasse au tigre et de guerres meurtrières entre les Beni Qaïs et les Beni Ta'âmir.

Un jour, sans transition, son regard accroché par les premières étoiles encore pâles : « Tu me dis que ce sont des boules de feu très loin de nous, comme ça, lâchées dans le ciel. Tu te moques de qui ? Allah n'est pas un farceur, il a bien trouvé le moyen de les attacher quelque part. »

Le lendemain nous repartions gonflés d'espoir, à la rencontre de crottes de chèvres et de fientes de chauves-souris.

Me voici dans la vieille demeure aux grandes pièces voûtées de blanc, la broderie d'or rouge et d'ombres d'un soir sur le mur nu face à la fenêtre. Le visage tout enflammé de vents et de soleil, les yeux me brûlent de ces semaines au désert. Si seulement je pouvais enlever ces chaussures qui me serrent. A hauteur de têtes je me laisse ballotter par la houle mécanique des conversations et des sourires.

Non, je n'ai pas entendu le nom. Une chose nocturne, feuille de terre d'ombre qui tournoie en tombant au fond de ces jours aveuglants. Une rumeur sourde remonte en moi la pente cahoteuse de la distance et du temps. Le clapotis domestique du néant se fige tout autour. Sur l'émail entamé de la voix le brun humide de l'argile. Dans cette obscurité qui peu à peu t'enveloppe de ses laines, je vois ce fragment de jour qu'une amande future au fond d'un ravin retenait.

Tu es venue comme certaines aubes soudaines de Judée, eau verte de hautaine pâleur qui écarte les lèvres roussies de tant de profération de malheurs.

Dans la nuit qui s'épuise sur les rives calcaires, nageur nocturne, j'abordai au même instant que la pudeur. J'étendais la main pour toucher la pierre lisse du ventre où s'enflamme une eau de fécondation.

Et il y avait toujours un désert de plus à traverser, les mêmes hamadas brûlantes où niche la Courvite isabelle, où le vent débite les fûts de midi. Et là-bas, là-bas pourtant, la halte bruissante du crépuscule, la demeure humide d'un jardin — tendresse peut-être — où tu n'habiteras qu'un soir.

Villes aux murs soyeux du Sud dont brille la paille dans la peau de l'argile, où les caravanes déballent les couleurs d'étoffes, les aromates et le gros sel. Et toi, dans l'agitation des marchands et des ors, aveugle à tâtons.

Quelle sève a-t-elle bien pu entrer en ce bâton de sécheresse pour entendre en ses cognements maladroits la solitude du chant ?

Été. Matins de Jérusalem ! La grande brèche bleu nuit entre Galaad, Ammon et Moab dans les fenêtres à l'est. Relents d'imprécations. La plaie grise, puis vert océan où s'avive le désir. Nos corps par moments irréels dans l'aquarium incrusté d'algues et de coquillages de la nuit. Craquement du pas dans le jardin brûlé, odeur de pierres, le goût salé de la peau. La rosée abondante de la nuit quand s'équilibrent les vents, si douce à la main et aux lèvres, si vite effacée. Rougeoiement de genèse sur le seuil. Le nom est dans la bouche et la langue augmente. Le rugissement d'espaces et la disparate des choses réchauffés au ventre. Et dans les minutes qui suivent, la prodigieuse ampliation du plus modeste attribut de la terre, le moindre frémissement, le son le plus pauvre portés aux confins de l'espace.

Ta chair j'en connais les endroits qui sont doux :
Époux, étends-toi dans notre chambre jusqu'à l'aube !
Ton cœur j'en connais les endroits qui réjouissent :
Lion étends-toi dans notre chambre jusqu'à l'aube [1] !

Jéricho. Le voile des femmes nage dans les poussières du soir. La longue procession de l'eau dans le crépuscule d'Aïn es-Soultane : les corps qui dansent immobiles entre l'eau et la lumière.

Le bruit de l'eau encore qui dévale la colline dans les canaux près de la maison sous le Mont de la Quarantaine. Couché sur le ventre tu reçois la chaleur du toit qui fume doucement dans l'extinction du jour. Odeur de paille et de boue sèche, chassée par la douceur écœurante des orangers en fleur. Là-bas en face, le lent rituel des ferments sur les monts de Moab. L'indicible tendresse du fin natté noisette de leurs pentes qui baignent à cette heure dans une musique de froissements. Bistres et sépias de Chine s'éclairent sur la feuille sèche, humectée de quelle eau ? Mystère des crépuscules de Judée. Comme si l'âme de la nuit chaque fois balbutiait sur le seuil, frissonnait. Être là, le visage poreux dans les pierres. Quelque chose comme le pollen de toutes les voix depuis toujours retombées sur la terre qui les rince et les évapore. Comme une chaleur, qui a longtemps aimé un corps, sait retrouver ses fenêtres.

121

Implanté à quelques kilomètres au sud de l'oasis, dans la basse plaine aride aux pieds d'une chaîne de montagnes rabotées, le camp d'Aqabat Jaber. Néo-village de torchis et de tôle, quadrillé au cordeau, comme si en bannissant du dessin le hasard on avait voulu exorciser la nostalgie et l'amertume des habitants. Pourtant, quelle tendresse dans la lumière de ces murs! Et l'épais tapis soyeux d'une si fine poussière d'alluvions. La débandade des gamins soulevait de grandes nuées suffocantes, aussitôt transfigurées dans le contre-jour.

Au dispensaire, le défilé interminable de nourrissons dénutris, de vieillards bronchitiques. Plus tard, nous nous frayons un chemin au milieu des grappes d'enfants qui s'agglutinent et se disloquent avec la prestesse de particules en suspension dans un liquide. Nous entrons dans une maison que rien ne distingue des autres. Boîte rectangulaire aux parois bosselées, si proches de la peau. Face à la porte branlante de l'entrée un grand panneau de carton où sont collées des photos de famille et une carte du pays dessinée au crayon de couleur par un écolier. Le long des murs de la chambre, matelas et couvertures soigneusement pliés. Du sol en terre battue, qu'on vient d'asperger, monte une odeur fade de poussière mouillée. Au milieu de la pièce, un primus en cuivre crache des flammes bleues, stridentes et irréelles, sous une casserole. Dans un coin, un nourrisson, posé par terre sur une couverture. Une sorte de grincement plaintif traverse par moments le crépitement du primus. Des mouches. Tu essaies de les chasser des paupières sanieuses cernées de khôl; on dirait qu'elles y sont incrustées. Deux femmes s'affairent, des enfants entrent et ressortent en coup de vent. Ils sont vifs, des yeux sombres brûlent dans des visages maigres, poudrés de lœss. Derrière un rideau improvisé, un homme d'une cinquantaine d'années tousse à se déchirer les bronches. Le teint cireux, décharné, il se tait. Il regarde longuement, pensivement, comme étonné par une distance inaperçue, au fond de la boîte qui lui sert de crachoir, les stries de sang.

En fin de journée nous marchons près du Jourdain en crue. Le paysage familier de la rivière paisible, presque craintive qui traverse le désert, escortée de sa végétation de roseaux, de lauriers, de tamaris et de saules, est bouleversé par l'inondation. Des lacs et des marécages s'étendent jusqu'aux terres stériles. Des milliers de canards, colverts, sarcelles, pilets et parfois un vol très haut, seraient-ce des oies ou des tadornes, qui passent en poussant des « a-hang, a-hang ». En essayant d'approcher les oiseaux qui sont posés, nous nous enfonçons jusqu'aux genoux dans la vase. Les éclats de rire déclenchent un grand remue-ménage d'ailes et d'eau parmi le cancanement des canes, et, sur l'étang, derrière la haie dense des roseaux, il ne reste plus qu'un léger labour vite effacé.

Le soleil de février tombe presque aussi vite qu'un ballon rouge lancé par un enfant. Là-bas, face au couchant, l'écorce translucide, minée par de menus travaux intérieurs, des montagnes de la rive est en marche vers la Mer Rouge.

Tu mets ta main entre le soleil bas et ton visage, écartant et refermant les doigts, comme pour vérifier la transparence, la chute des plis de cet or rouge soudain attablé à la terre, d'où montent dans un mouvement

123

inverse, bruit sec d'une feuille mince froissée, des
essaims légers d'insectes inconnus.

— Comme la lumière est chose simple... Elle va, elle
vient, elle s'abîme, elle resurgit. Sans cicatrice.

— Mais regarde ces lampes minuscules, là-bas, qui
bougent dans les pierres...

De l'autre côté du marécage la masse grisâtre des
roseaux s'allume pour se briser aussitôt en mille rigoles
scintillantes parmi les herbes et buissons inondés. Puis
tout le paysage rompt ses amarres, dérive, ne laissant
derrière lui qu'un indéfinissable ruissellement fauve et
le goût d'une chose inconnue.

Une autre maison, en briques de boue, crépie de
chaux, cachée sous deux grands eucalyptus et un
jacaranda, adossée à la montagne. En bas, le camp et
les jardins d'Aïn es-Soultane. Couchés sur le toit nous
regardons longtemps, immobiles, muets, l'étincelle-
ment encore pâle en bas des lumières de Jéricho. Au
loin, bien au-delà de Chouné, les constellations mou-
vantes des campements de bédouins dans la chaux
éteinte du Ghôr. Les murs exhalent une odeur de
fumier et de jasmin. C'est l'heure où la nuit trébuche
sur les calcaires, habités d'une sourde effervescence de
légendes.

— Raconte-moi quelque chose.

— Voilà, tout est déjà dit là-bas... Il suffirait de lire,
d'écouter.

L'étoile bleue du Chien fore lentement son puits.
Cette fois je la suivrai jusqu'au fond de son éclat. Et
voilà que soudain elle a mille têtes, mille bouches qui
crachent leur bleu exterminateur. Puis c'est la braise

124

d'une cigarette écrasée sur la peau d'un homme déshabillé, debout dans la neige. La framboise d'un sein allumé, et, tout autour, le pur manteau du froid où quelqu'un crie à force de ne pas crier. Des hommes en uniforme, leur mauvais rire, et encore la neige, sa paisible floraison implosée dans la nuit —, le grand tapis odorant sous l'amandier.

Tu te relèves pour allumer une cigarette.

La terre épuisée jette ses dernières réserves de clarté. Des milliers de doigts microscopiques travaillent à la grande robe du noir. Sur la scène qu'éclairent des lambeaux de brume, un bulldozer pousse des charrois de chair humaine.

Relents de sueur froide, de vêtements mouillés. L'angoisse a bien une odeur. Je frissonne. Dehors, sur le quai de cette gare de marchandises dont les lumières étouffées font cailler la brume, des uniformes et des mitraillettes ; gutturales d'ordres brefs. Puis les voix se précipitent, la douceur nostalgique de ce paysage périmé, poreux, se durcit. La lourde porte à glissière arrive à grand bruit en fin de course et dehors on entend placer les barres de fer. Une plainte dans les câbles et le grincement d'un frein mal desserré quelque part. Bientôt, bercé par le train, à moitié assis, je rêve que c'est la terre qui s'en va sous mes pieds, pendant que je suis debout sur le balcon de ma chambre, la terre de l'enfance, la terre habitable, et je vois à l'horizon surgir des paysages désolés, hideux. Terrifié, j'aborde un continent inconnu. Mais je ne comprends pas ce mur qui s'élève dans mon dos. Tout paraît désert, pourtant voici un homme en uniforme bizarre, qui malgré son air absent et pressé, pourra peut-être me renseigner. En effet : « C'est expérimental, m'explique-t-il, d'un ton dogmatique. Ici commencent les terrains vagues du Grand Laboratoire. Nous allons étudier l'effet de composés arbitraires sur le métabolisme de la conscience douloureuse. » Là-dessus il enfile une blouse blanche dont les poches sont bourrées d'électrodes qu'il tire comme des bottes de radis.

Pendant que sur une plage déserte apparaît une forêt de nervures, de craquelures et de rigoles électriques dont j'essaie en vain de déchiffrer le sens, la voix incolore d'une petite fille récite une histoire dans une salle vide. La discordance des mots et des images résonne dans une solitude pétrifiée.

« J'ai huit ans et il me semble que toute la population du pays, hommes, femmes, enfants, vieillards est sur les routes. Des enfants surtout, des enfants dont personne n'écoute les questions, qu'on bouscule et qui ont des grands yeux ahuris, vides de fatigue et de faim. Des femmes enceintes avec des nourrissons sur les bras, en marche ou assises, éreintées, hagardes, Des coups de fusils, des salves de mitraillettes, des explosions dans la nuit, sur les visages, la lumière inquiète d'un incendie. Ces routes n'ont pas l'air d'avoir de fin, d'aboutir quelque part. Ces colonnes de gens, de charrettes en désordre, je n'en vois pas le bout. Chacun porte quelque chose, — je me rappelle ce miroir entre les casseroles et les couvertures, qui s'allumait et s'éteignait. Sur les visages, qu'y avait-il donc sur les visages ? Et où allons-nous ? Quelqu'un doit savoir. Personne ne dit rien. Si. Tais-toi. »

Ta voix avance lentement, rêveusement dans la nuit maintenant profonde, si profonde que les étoiles semblent érafler nos joues. Elle glisse dans la plaine basse

126

parmi les feux de campements nomades, s'accroche à une herbe grise, se déchire dans un buisson épineux, se dissout dans les marnes de Lisân. En contrebas, l'oasis avec ses palmiers, ses bananiers, ses orangers, forme une tendre et sombre touffe parfumée. Et tout autour le mutisme vigoureux du désert, comme une armée en embuscade, et dont on n'aperçoit, ici et là, que le scintillement de la pointe des lances. Un souffle lointain, sans odeur ni âge, ni poids, passe sur les lèvres humides d'Aïn es-Soultane, telle une respiration de Dieu.

— Les hommes cherchent partout une appartenance, une patrie, et ne trouvent qu'exil et solitude.

— Des mots... Il y a un combat à mener, des choses à changer.

— Sans doute... Pourvu qu'on sache... A chaque demain sa grâce, sa tragédie, sa comédie. Au hasard.

Ta main est chaude et fragile.

La nuit se déboîte, recule dans d'autres nuits, te nargue, se dérobe au combat, se glace. Non, pas le froid. Que ce même four, que ces mêmes pierres au soir recueillies pour un feu bref aient raison de notre mémoire ! Mais les mots du témoin, comme une eau qui affleure, que les entende celui qui a des oreilles ! Nuits de détresse où demeurent des hommes, race qui change chaque jour de nom et de quartier. Nuits où le brouillard est emmuré dans les corps. Nuits de pure et tranquille terreur viscérale où quelqu'un cherche son souffle, puis accueille au guet la bête attentive aux strates profondes de sa solitude, étonnée par le bruit de la source qui reflue. Nuits étroites, en désordre qui se serrent dans la grande nuit rigoureuse. Nuits de choléra et de typhus, toutes portes verrouillées sur la puanteur

127

et le râle d'un agonisant. La stupéfaction de voir quelqu'un verser les rares gorgées du liquide vaguement salé d'une ration de « soupe » dans une bouche qui renonce. Et la voix à côté, dans le demi-jour. « Bougre d'imbécile ! » Pourtant, ce qui monte dans le masque gris-jaune est bien un sourire. Puis un vomissement. Tu vois encore le geste si simple, si tranquillement inutile de l'autre, il remonte pensivement son chemin défoncé.

Deux corps anonymes déposés sur les pentes, par les remous d'empires et de batailles. Pris dans la craie qui travaille dans le noir, agglutinés. Dérisoires et magnifiques. Les voix humaines qui tout à l'heure bougeaient encore le rideau de feuilles, se sont tues. Dans le grand filet de mutisme se prend, ici et là, un aboiement, le zigzag duveté, en déroute, d'une chauve-souris. Comme le silence creuse ici la terre ! Les ailes labourent. Puis c'est le moment pour l'âme de se défaire de sa chaux. Et la herse du ciel racle les yeux qui ont vu l'obscurité. Les roues du char font voler la paille d'un émerveillement. Le bulldozer continue à dévider ses monceaux de corps nus, plus gris que la terre hivernale, dociles poupées grises, bras et jambes emmêlés, chant calme au-delà de tout désespoir, poussé par la lame de fer à la béance tout aussi démunie de la terre. Le noir rame dans une boue d'étoiles.

Le filet d'eau d'une langue nostalgique s'infiltre dans le plancher du désert. Il suit les flancs sinueux des abords de la plaine, depuis Djebel el Khalil et el-Asour, depuis Harrân, Sîn et Quadès, s'efface, resurgit, épouse, dans le raccord essoufflé d'un dôme et d'un fuselage, la chaleur du sol. Je peux toucher dans le noir la gorge rauque de son lit charnel. Toute cette terre n'est qu'un seul et même chant, dévasté, rejailli au hasard de sa course. Son eau est âpre, rencognée dans les pierres, fidèle à la lèvre assoiffée. Et nos corps révélant, annulant l'un l'autre, pris dans la trame de la mélodie.

La ligne promeneuse, nue et fragile, issue des discordances. Toute cette clarté doucement disséquante, que tu guettes au soir sur les pierres, se livre dans le bafouillage d'une eau qui passe sur les toits, se regarde dans une fenêtre, et se perd dans le ravin.

La grande roue libre de la nuit patine sur les pierres de l'été.

Du toit en terrasse nous regardons la vieille ville sagement accroupie dans les ocres des gradins autour de l'esplanade du Noble Sanctuaire. La lumière atteint, ici l'or, là des cendres. Sur la scène, les acteurs changent parfois ; un geste ou deux par siècle de la même tragédie.

Sous la pente raide du glacis une piste se perd dans le fond de la vallée du Cédron que les graveurs du Moyen Age représentent emplie d'eaux tumultueuses où voguent des barques et des voiliers. Là, c'est des ânes chargés à en crouler et de temps en temps une vieille voiture américaine noyée dans la poussière. Le ciel est sans tache, s'encastrant d'un seul bloc amovible dans le découpage des pierres. Sur la berge du Cédron brille la route asphaltée de Jéricho qui se termine par un raidillon près de l'angle nord-est de la muraille. De gros camions poussifs y montent bordés de nuages de mazout. Dans l'intervalle de leurs ronflements une rumeur confuse, qui n'est pas celle des marchés, augmente et s'organise.

En moins de cinq minutes nous sommes en bas des murailles. Des camions bourrés d'hommes affluent vers

Bab-el-Zahlé, lieu de rassemblement. Là la foule est déjà compacte. Des grappes humaines couvrent les murs. Partout des bras se dressent, gesticulent, dans un ciel imperturbable. Des cris fusent, un mot, un nom, parfois une phrase sont repris par la foule qui les balance sur ses flots. Un orateur juché en haut de l'habitacle d'un camion n'arrive pas à se faire entendre : on voit les convulsions furieuses de son visage, ses gestes menaçants, mais pas de voix ; on dirait un film muet devant une salle en transe. Bientôt l'orateur est happé par les flots qui se déversent dans les rues qui mènent vers les quartiers nord. Tout d'un coup une voiture militaire jaillit sur le toit de la houle, bascule et retombe dans les flots. Puis, après un moment, le tourbillon formé autour rejette des membres, des lambeaux de vêtements, des amas sanglants de chair.

La parfaite transparence d'un jour ensoleillé de décembre.

Dans la brume des années, comme tu cours à l'enfance d'un fleuve où déambulent ces Maigres qui se nourrissent de sauterelles et de la pulsation de la flamme dans les pierres. Et si proche de l'ampleur de cet effondrement qui te ravit, la rivière de village de ton enfance. L'histoire de Réhab, la prostituée, les chants des Noirs du Mississippi.

Le baptême c'était donc bien ce Niagara d'indifférence du bleu sur quelqu'un qu'illumine la boue.

Soirs d'été à Jérusalem !

Un lait de calcaires fraîchement trait sur les flancs surchauffés du torrent sec des Amandes[1]. Le ciel descend si bas dans les roses du jardin qu'on perçoit son linge, plus sec, plus crissant que les chardons.

Ces pierres qui nous ont vus monter vers l'orient rédimé dans les collines, si intenses d'être là sur un chemin au hasard, nous éclairent. Leur pulsation de plus en plus serrée, puis lente, d'un cœur qui s'arrête. Et nous, follement légers, courons vers les crêtes d'où se jettent ensemble les couleurs.

Se sont tus les chants et les danses dans les collines, dans les combes, sur les sentes où pousse l'amère centaurée du Sinaï et les troupeaux se dispersent après la tonte.

Paillettes de tant de noms donnés et effacés. Cette page que tu n'écriras pas, qui pâlit doucement près des lampes du petit matin.

Tu connais la pierre où fleurit le câprier, tu sais suivre l'odeur d'une migration. Tu portais des nouvelles à une vipérine. Tu allais à l'essoufflement du jour, poussé par une célébration cellulaire, à une lenteur de bouche en bouche où cogne sourdement le butoir du cœur.

Froid. Froid calme au cœur de l'incendie. Parmi les cubes de glace qui tintent dans l'immobile mémoire, le dard des étés, une brûlure qui n'en finit pas de la peau, des yeux, du cerveau qui sécrètent inlassables leurs humidités. Des mots qui un jour tenaient les nerfs du ruissellement où bondit l'évidence d'un matin. Et où aller puisque tout lieu est annulé dans la lumière ?

Tu attends le soir. Des poudres bougent dans le sol désert et c'est musique de rosée sur ta main.

Quelle douceur en cet après-midi de mai près des orangers de Jéricho ! L'air et la lumière indifférents aux événements de l'histoire. Nous sommes assis au bord d'un terrassement qui surplombe les ruines d'el Mafjar. Un lézard immobile, le cœur dans la gorge, et là-bas, dans la plaine et sur les montagnes, une marée montante d'octaves brisées.

Un ouvrier agricole vient s'asseoir près de nous. Longtemps silencieux, il risque enfin une remarque en désignant la terre sous les orangers.

— Elle est trop salée ici.

— D'où êtes-vous ?

— De Jaffa. Réfugié de Jaffa.

Puis après un silence :

— Je me suis habitué ici, et maintenant, qui sait ce qui va encore arriver ?

Dehors la nuit lacérée de feux.

Une fois de plus la canonnade et les avions ; les sifflements sinistres et les explosions. Les murs tremblent, la terre se met en boule et supporte. Le roulement assourdissant est coupé d'instants de silence

136

tout aussi violents. Cette attente est plus pénible que
les bombes. La centrale électrique a sauté depuis
longtemps ; nous travaillons à la lumière d'une lampe
de poche. Entre minuit et deux heures du matin, les
grandes orgues. Les blessés continuent d'affluer ; nous
n'avons plus de sang.

L'aube, méfiante, n'est que fumée, que grise pous-
sière sur les morts.

« Enfin chez nous dans Jérusalem libérée ! » crient
les « paras ».

*Le roi et ses hommes marchèrent sur Jérusalem,
contre le Jébuséen qui habitait le pays. Celui-ci parla à
David en disant : Tu n'entreras pas ici, puisque les
aveugles et les boiteux te repousseront. ... Mais David
s'empara de la forteresse de Sion [1]...*

*Maîtres des remparts, les Romains plantèrent les
enseignes sur les tours et, en battant joyeusement des
mains, chantèrent un péan en l'honneur de leur vic-
toire... Se déversant dans les ruelles, glaive au poing, ils
massacrèrent indistinctement tous ceux qu'ils rencon-
traient et brûlaient les maisons avec tous les gens qui
avaient cherché refuge à l'intérieur... Ils engorgeaient les
ruelles de cadavres et répandaient des flots de sang dans
toute la ville, au point d'éteindre, par ce ruissellement de
carnage, de nombreux incendies. Ils s'arrêtèrent de tuer
vers le soir, mais dans la nuit le feu prit le dessus, et le*

137

huitième jour du mois Gorpiaeus (26 septembre 70) se leva sur une Jérusalem en flammes [1]...

Vendredi 15 juillet 1099.

Entrés dans la ville nos pèlerins poursuivaient et massacraient les Sarrazins jusqu'au temple de Salomon où ils s'étaient rassemblés et où ils livrèrent aux nôtres le plus furieux combat pendant toute la journée, au point que le temple tout entier ruisselait de leur sang. Enfin, après avoir enfoncé les païens, les nôtres saisirent dans le temple un grand nombre d'hommes et de femmes, et ils les tuèrent ou laissèrent vivants qui bon leur semblait... Puis, tout heureux et pleurant de joie, les nôtres allèrent adorer le Sépulcre de notre Sauveur [2]...

Le vendredi 13 du mois de Rajab 583 (18 septembre 1187).

Le cœur des mécréants battit et palpita; les habitants pensèrent qu'ils étaient défendus et préservés de notre vigueur; alors nous dressâmes contre eux les machines de guerre qui jetèrent bas les pierres des murailles par la force de celles qu'elles lançaient; l'inclinaison de ces machines annonça la prosternation des tours dans la contrainte; les quartiers du rocher réussirent à faire crier celui de la Sakhra; ces sommets s'abattirent pour expier la faute en laquelle ils avaient persisté. La brèche fut ouverte, le rempart percé; les pierres frappèrent les diverses parties de cette muraille; les infidèles surent à qui revenait le résultat final; ils furent certains d'être tués ou prisonniers [3].

Comptable ponctuel, l'ouragan est passé dans les chambres. Au milieu de chacune il a fait des tas avec le bric-à-brac des tiroirs, boutons de nacre, ficelles, vieilles photographies. Les armoires défoncées bâillent dans les courants d'air.

Le feu et le fer ont fouillé le jardin. Je n'aurai jamais vu en si grande gloire les roses.

Lavés d'un devoir accompli les guerriers se couchent dans un lit fraîchement fait.

Aux errants, aux insomniaques de reprendre la route.

Et où sont nos enchanteurs, nos mages, nos musiciens ?

La ville ensauvagée de grandes chenilles bruyantes. Les dinosaures mécaniques tournent et retournent la terre, dévorent la pierre. Au soir, calcaires et grès crient doucement dans nos yeux. Entre le soc et les silices, la soie d'entrailles sécrétée par les roches, ronge les hauts fonds de la nuit.

Ce jour-là l'Éternel louera le grand rasoir[1].

Tu te couches tout en haut des flancs glabres de l'été, près des chiens qui rôdent. Et les mouches.

— Tu n'es qu'un sac de songes. Tu n'entends pas, tu ne vois pas.

— Le jour se penche, je déchire de vieux papiers.

— Tu m'agaces. Un jour tu m'avais dit que s'il y avait un courage...

— Magnifiques les affamés de justice...

— Moque-toi.

— Au petit jour se lèvent les assassins...

L'homme en uniforme qui m'a fouillé feuillette un petit carnet trouvé dans ma poche. Des notes personnelles mêlées aux débris d'un cours de suméro-akkadien. Il lit tout haut les trois lignes inscrites sur la première page : « Il n'y a pas de chemin. Tu ne franchiras pas cette mer. Nul n'a jamais franchi cette mer que le soleil. »

— C'est un mot de passe ?
— Si l'on veut. Celui de Gilgamesh en tout cas.
— Vous vous fichez de qui ?
— C'est un très vieux poème.

Cette nuit sur la montagne. Était-ce un rêve ? Je crois bien que je n'étais jamais venu sur ces hauteurs qui surplombent la rivière près du gué d'Umm es-Sidré. La journée fut brûlante, c'était le mois d'août. La fraîcheur brutale de la nuit du désert me faisait frissonner. Je me rappelle que c'était une nuit sans lune, comme je les aime, haut et bas, étoiles et terre sens dessus dessous. Dehors et dedans, rien que cette pulsation qui s'use contre les pierres. Au loin, penché sur les feux de campements habituels, l'ombre massive de Galaad, le

142

Djebel Ajloun. Là-bas eut lieu la dernière entrevue de Jacob qui décampait avec les siens et de Laban qui avait rejoint les fuyards.

— Tu crois qu'il viendra ?

— Il n'est pas tard... Il connaît les passages comme sa poche.

— Une patrouille imprévue, qui sait...

— Il vaut mieux que tu éteignes ta cigarette.

Je cherchai une pierre pour appuyer ma tête. Pas un souffle dans l'air. Le silence réveillait des craquements et des pas.

— Voilà, quelqu'un vient...

— Non, rien. Ça doit être une gerboise.

Épuisé, je m'endors.

Devant moi se dressent des tentes, tout un peuple de tentes et entre elles une eau cendrée augmente la terre. De l'une d'elles quelqu'un se glisse au-dehors, se redresse de toute sa hauteur, passe sa main longuement sur son visage qui apparaît soudain clair, comme si ce geste avait allumé une neige dans les cheveux, dans la barbe. Lentement, presque sans bouger, il s'éloigne du campement et s'engage dans un pli profond qui descend dans la vallée d'où monte la rumeur d'une eau, non, c'est plutôt un vent qui se lève dans les arbres dont j'aperçois maintenant le faîte d'écume, un verger. « Mais nul ne connaît ce chemin », me dis-je, et déjà tout un peuple s'affaire dans le campement, on défait les cordes, démonte les piquets, plie les longues pièces de laine noire rayée de bruns. Une épaisse odeur de chèvre et de mouton flotte sur l'agitation. On met les bâts, on charge rapidement les bêtes et déjà la tête du troupeau s'ébranle vers l'est dans un grand remuement de poussière d'or.

Quelqu'un me braque la lumière d'une lampe de poche dans le visage.

Les pierres qui s'éboulent sous les pas dans le ravin me semblent rouler jusqu'au bout des temps. Tout a une résonance si vaste et je suis enserré dans un étau. Le piétinement des minutes, des heures. Cet écheveau plus sombre dont les fils jettent par moments des lueurs de charbon, est-ce le fleuve? Dans le ciel du sud, le cœur du Scorpion clignote comme un morceau de braise sous le vent. Dans le grand berceau fourré de velours silencieux, rien ne bouge. J'allonge ma respiration. Je laisse la bride à des pensées presque paisibles.

Des éclairs. La brutalité de ces éclairs, une fraction de seconde avant l'aboiement mécanique qui s'arrête et repart, qui découd les battements du cœur. L'embrasement d'une grenade. D'une autre. L'odeur fade de ces marnes. Sous mon ventre la terre cogne. Le silence reprend possession de la vallée. Tout en moi est écoute. J'entends mes doigts gratter le sol.

Le jour approche derrière les crêtes. Comme il se presse!

Le communiqué du 24 août. Dans une embuscade, près du Jourdain...

Le même bavardage liquide des fauvettes dans la grisaille. Ni chant, ni appel. Des mots décousus, d'oreille à oreille, que recoud un secret. Comme tout cela est clair et si vite défait dans le jour!

144

Une brèche en toi cherche l'air du large, le sang d'une jubilation repris par la terre. La lumière réchauffée dans le grège des murs, — brisée multipliée dans la caillasse au fond du lit sec des torrents.

Ricanement dans les pages de l'écriture ; la monnaie d'espace sur le comptoir des galets.

De ces voix cassées, dissoutes dans l'amplitude tu gardes le goût de froment. Et tu parles, et tu bouges dans le vent durci, dans la terre cariée.

L'élancement ne donnait rien au regard à comprendre. Et la voix en toi soudain affranchie, l'eau d'un jour si âprement disputée au scintillement. Le bonheur si vif d'aller incurable.

Veille au carré d'abîme sous ton pas. Le vent d'est remue des vieux chiffons. Tiens-toi ferme dans l'entrebâillement des mots, respire à pleines feuilles la jaune électricité d'un ciel maudit.

Judée finit
par le départ
d'Israël

Départ   Demain tu partiras. Tes mains continueront à errer dans les calcaires, ajoutant leur travail d'érosion à celui de l'âge sur la mémoire. Demain. Hier. Qui peut disjoindre ce qui s'achève de ce qui ne commence pas ?

Là-bas, dans les caves de milliards d'années de mers congédiées, coule l'eau argileuse du baptême. Tombe encore le soir et les paysages migrent comme d'habitude.

Ne rien emporter. Ne rien prendre de ce qui est venu manger à nos mains. De ce qui un jour s'est approché, jouant dans les cailloux.

Tant de calme et de véhémence, jour après jour renouvelés. Et aussi, mais pourquoi, irréparables.

→   L'ardeur, la brûlure de ce rien.

Visage   Les mots secrets que tu pensais lire dans les pigments d'un visage et les strates mêlées de terre et de lumière, quand tu les épelais tout haut, leur sens montait dans la voûte en flammes.

Oui, au terme de mille et une nuits, les yeux endoloris, bourdonnants d'insectes, tes doigts, une eau soudain parmi les pierres.

146

Et ceux qui habitent la poussière sont comme ceux qui
parcourent les mers,
   terrifiés à cause du grondement des eaux.
   Et les sages sont comme des marins dans les profon-
deurs [1]...

Et même cette flamme, prise au puits, pareille à un
galet un jour serré dans la main, que la mer a repris.
   Manque plus corrodant que le chimisme des eaux.
Nous ne finirons donc jamais de fourrer nos doigts dans
les stigmates de cette lumière.

Ce silence en toi par murs et par mers.
Le jour nouveau désœuvré sur les rives.

N'avais-tu pas soufflé sur les braises, trouvé magnifiques ces flammes où les mots du jardin ne finissent pas d'expirer ?

Retourne à tes terrains vagues que fuit le sommeil, à la pauvre luisance des entrailles sous une lampe à minuit.

La triste claudication de ta langue, augure !

Le front de pierres penché sur l'enclos, défait sa clarté domestique.

Pour un instant tu as vu — tu as été l'arôme furtif des herbes brûlées, le visage réuni du passant et du passeur. Va, ton heure est sur le front des portes.

Parce qu'un jour dans le bredouillement nocturne de tes lèvres tu as senti passer le torrent, — insensé que tu es ! Tes ongles ont déchiré le silence et maintenant tu peux te boucher les oreilles.

Tes doigts sur les pierres qui vibrent quand s'immobilise la lumière. Pense que ces courbes, là-bas, rien ne les guérira. Le sifflement, encore lui, levé tu ne sais où, au-delà de combien d'Euphrates — et *vous direz aux montagnes, couvrez-nous* [1].

Longs jours tranchants, délirants de lumière. Délire de précision pourchassant les ombres, les secrets des chambres. Impression de tomber en son propre centre qui creuse et se carie, — l'espace se retire dans un caillou.

La mer, quelque part, sur le rivage, — la respiration sans rivage où s'épuisent tes mots.

FEUILLES D'OBSERVATION

Feuilles d'observation (1986) est un ensemble de textes tirés de notes prises au fil des jours. Certaines de ces notes, en les élaborant, sont devenues des poèmes. Mis à part les deux premiers textes qui sont là pour situer le cadre principal de ces écrits, ce sont eux qui, réunis, ont été repris dans ce volume.

J'aurai passé le plus clair de mon temps en ces lieux où se concentre la douleur des hommes. Mes yeux se seront remplis journellement des images de cette décomposition de la forme humaine, de sa défaite inévitable. La nécessité d'essayer de comprendre tant bien que mal et d'agir ne laisse pas beaucoup de place au déploiement des sentiments. On se ramasse dans l'amour obstiné de la vie, le désir de guérir — sans cesse déjoué, déçu — qui est aussi désir de se guérir. Sur ce fil tendu il faut pourtant marcher.

Parmi ces bouches bâillonnées j'apprends chaque jour une nouvelle composition du regard, corrosion de l'espoir et de la nuit, chimie de l'intensité, de la solitude, *de l'extrême solitude*. Autre chose parfois. D'infrangible, comme si une lueur ou une pulsation pouvaient être infrangibles.

Encore et encore ce combat inégal, la solitude du vaincu, la terre brûlée. Ce fil particulier de l'immense tissage, que j'ai eu à tenir entre les mains un instant et auquel je n'ai pas su rendre son juste mouvement. Ma mémoire est un continent de regards, de gestes désancrés. D'où prendre les forces pour transporter les montagnes qui ne pèsent plus rien ?

Je ne peux que frissonner dans la clarté de ces défaites. Me courber dans la lumière crue d'une neige où la chaleur du sang se disperse, où toute qualité des choses est ignorée.

La nuit est de mâchefer, inerte, les vitres sont aveugles. Pourtant de grands arbres bougent dans la pensée, peut-être des eaux. Je me dis qu'il doit y avoir, aussi pauvre et dérisoire qu'elle soit, une lueur quelque part pour juger de ce noir, pour que je puisse le percevoir. Une lueur qui cherche les mots, le pain de mots.

Le temps d'une rose
celui d'un tube de dentifrice
les heures de peine
la joie de la flamme
les jours d'une vie
la politesse du hasard
à l'instant précis —

Trou sans fond au fond de mon œil
l'odeur des murs qui brûlent leur chaux
poudres tardives d'une musique —
Et le rougeoiement indivisible
dans la nuit épaisse de ma peau.

Pensées dans la nuit
la nage inquiète dans la nage
immobile de l'espace —

Un autre soir
quelque chose tremblait
ne disait mot
la mémoire vide
de tonnes de mer
moulues dans le noir
rugissement emmuré
le froid des draps
et personne n'entend
le nageur qui rame
muet de couleurs
dans l'eau ouverte
nage sans mémoire —

Tu pousses les mots à la lueur de tes doigts.

Les doigts élancent dans l'obscurité —
chiffres et mots vides sous la lampe
l'effort souterrain tant de fois brisé
rallumée la soif les mots recommencés —
Ton jour sait avec justesse le rasoir
tes muscles tes artères bourdonnent
se dressent s'ébrouent dans la beauté
du feu découpé dans le courant en désordre
ardeur que ta main peut toucher
construire sa clôture son théâtre
pour essayer encore une fois —

Figures où le mouvement a pris feu un instant, où le temps et la peur se sont donnés, apaisés dans une main.

Jour et nuit dans nos os, dans nos mots le bruit des ← vents et des vagues, la musique des meules.

Et la lumière respire où elle peut.

(FO 52)

Ce sont les choses les plus simples
celles dont on dit « c'est comme ça »
« c'est bien connu », « il va de soi »
qui étonnent les imbéciles dont je pense
donc je suis, que la lumière soit et la nuit
plutôt que pas, que je heurte les choses
que j'entende, que je voie, que tout un monde
au contact de quoi chevauchant quel vent
là-dedans se construise et bouge et change
que cela se dilate, s'ouvre et respire
se brûle, se contracte et souffre
comme si c'était sans limites je sais
qu'il est un lieu, qu'il est un temps.
Notre obstination d'aller dans la lumière.
Cette force que nous ne pouvons pas dénuder.
Tout ou rien. Le vent de rien, la roche, le nerf.
Ni d'où, ni vers où. Troisième personne
de l'indicatif présent, singulier.
Est, point. Brûle, tiret ——

La boussole tourne sans jamais se fixer, yeux et calculs scrutent en vain les caps figurés sur les cartes, décrits dans les livres. Nous n'avons que ces rames et les lueurs qu'elles remuent, que ces noms donnés, leur matin dans les rideaux, le soir dans la fenêtre où le jour vieillit, que ces bruits où coule l'idée de l'eau, — les mots pudiques, et frais, et graves d'une eau partagée.

De oui et de non
à même le blanc
rocher qui s'effrite
dans le rayonnement incorruptible —

Cette lumière que je cherche à tâtons dans les choses, dans les corps et leurs rencontres, celle qui bouge parfois dans la parole, comment pourrais-je la chercher si sa nature était étrangère à la vivacité du tissage, à l'épaisseur de la nuit ?

(Fo 53)

La nudité muette de musique
la seule respiration des choses
jour qui monte dans le jour
d'être ici à cette heure
temps que nos corps composent
d'aires d'attente ou d'étonnement
blancs patios de la mémoire
où un vent le mot si léger
vibre dans l'œil d'un rayon
posé dans le feuillage lavé
silencieuse vitesse de l'âme —

De oui et de non
de haine et d'amour
musique de circonstance
enfin clou blanc
avec douceur, violence
enfoncé dans le blanc —

seulement le vent noir des yeux
lavé d'éclairs, de bruits d'eau
seulement la rauque mélodie
la brèche d'une aile dans le sang
tendu d'un corps exténué —

Ici encore ? Mais comme le vent
mêlé au visage qui s'effrite.
Avoir été là, les mots et les gestes
composant le jour, le lieu du vent
ces collines nues de l'esprit.

Le pas de l'inconnu dans les pierres.
Corps si prompt, si obscur des années
mains qui ont tant cherché la lumière
si proche, si tremblante sur la peau
soudain vieillie —

(F 0 88)

Jour de lessive pour les mots
odeur d'herbe et de draps essorés
on peut toucher des mains la lumière
des pas dans la vapeur qui monte
brumes et montagnes du corps aveugle
la pensée tricote à l'ombre de la peau
vol de grues très haut dans le jour
clapotis d'eau de nuit sans vent —

Courant d'air de clarté indivise
humble douleur de nos os
trouant sans trace l'étendue.

Baiser de mots, cris ferreux de lueurs
dans l'herbe des yeux le corps
lentement creusé désensablé
à la lumière des cailloux

d'autres mots serrés dans les pierres
que tu as vues s'user près d'un mur
tandis qu'augmente dans le sang la nuit
que tout reste menaçant de clarté —

Ce matin il y avait une nappe de soleil
sur la table — du soleil sur la peau
et dessous des bougements minuscules
bourdonnants et criblant peu à peu
la lourdeur opaque le corps creusé
de milliers de béances infimes de bouches
forées par l'infiniment petit où hésite
ce qui sera matière et temps et usure
l'esprit de la terre planant sur l'eau
un homme assis sur sa chaise dans la flaque
de fleurs jaunes acides entre les tombes
il regarde la nage de grandes ailes cendrées
sur la braise endormie dans le mur déjà sombre
de la mer à présent c'est noir tout à fait
et j'entends le large ranger sous la fenêtre
l'air de l'écume et des bruits de vaisselle —

Laisse courir ton esprit sur les eaux
les vents aiguisent le rasoir bleu sombre
à l'issue de l'acte les acteurs rentrent
dans le blanc des murs la ferveur nocturne
remue les fonds des villes médusées
le jour reflue à ses racines liquides
tu n'entends plus que le bruit de la nage
dans l'eau opaque des yeux de mémoire —

Hier comme aujourd'hui
la sueur les crachats les excréments
les yeux qui ont vu l'horreur
qui ont vu l'insondable
des visages le sourire
posé dans l'épaisseur
inextricable des plis que
la douleur compose et décompose
chaque matin quelque part
sur une vitre dans un œil
la fraîcheur immaculée d'aller —

La rougeur de crier lavée dans le bleu
l'aiguille ouvrière des mots cousant
décousant le sac des heures des images
des vents labourent un lac de pensée —

comme si le mouvement en nous inclivable
de la floraison et du désastre laissait
à nu notre esprit — *(F° 116)*

Entre ce gris et ce rose
l'œil plonge dans le plomb
bouts de bois qui flottent
lueurs de mots comme hors mémoire
des sons tombés de la table du temps —

Grincement d'une mâchoire mal réveillée
dans la conversation un peu basse-cour
du matin de noces des goélands —

Comme si l'œil essuyant sa paresse
dans la tourmente rageuse des nuits
pouvait jeter impunément son encre
inventer sans fond au-dedans la joie —

Ce couteau tu l'avais oublié
oublié que la peau qui effleure l'inconnu
que la bouche qui s'ouvre à la faim
que le silence de boire à même le mouvement
d'une terre ou d'un corps le poumon
que les battements d'aile de la gorge
que le rouleau des vents ignorant les rivages
abandonnant leur musique aux cailloux
ces choses que le temps, la mémoire
divisent et usent sur la pierre
la lame puisse-t-elle fouiller encore
l'ordre endormi du jardin, les yeux
clos sur la beauté paisible morte
découpée dans la flamme la rougeur
des joues collées sur le mur blanc
tant de hâte de gestes décousus
tandis que le jour se retire peu à peu
dans les corps les herbes brûlés
la lumière chaque jour plus redoutable —

Le jour se penche
sa joue dans les cailloux
je déchire de très vieux papiers —

Demi-sommeil dans l'après-midi.
Et d'où et pourquoi soudain ce bec
d'une lumière irrésistible ?
Non, je ne peux pas glisser entre les mailles
ces griffes de clarté traversent la chair.
Je peux effacer toute la page, toutes les pages
il me restera toujours cette exactitude.
Encore un mot, encore un chant
pour conjurer et attiser le feu
touché sous la peau —

mais ceci est ton sang
et la splendeur qui court dans tes doigts
tu peux compter sur la lumière
éternellement vraie d'un battement
vite dispersé dans la musique.
Tu ne diras jamais que ces mots divisés
tout un matin d'images et de bonds
maintenant il faut que tu respires
dans le fil paisible du rasoir —

Dans la nuit sans fond, un corps corrodé de lumière, porté et déchiré par d'autres corps —

l'enclos balayé de guerres, mais radieux, mais brûlant d'une molécule d'amour,

l'horreur étale son linge, la neige des yeux brûle dans le noir —

sourd ruissellement de musique.

(F∂148)

Je regarde la nuit lutter dans la fenêtre
le fond de la barque prend l'eau, elle monte
dans le corps, les images, les idées dans le noir
tout un travail de crépitements neigeux
infinité infime de tourbillons de danse
le poumon se compose de hauteurs rincées
de cris de câbles et de bulles de rires
dans la vitre se cogne un train de pensée
et seul le miroir de l'idée se brise
j'entends grincer très pure la craie
d'un mot dans le vent toujours nuit —

(foi53)

Cri bref à l'aube
personne n'appelle personne
toutes portes enfoncées
l'espace à pleines mains.

Dans la chambre il fait noir.
Un bruit de linge aère la fenêtre
l'étonnement paisible d'une feuille
sa part indivise de percer, de respirer.
Puis la pointe si mince dans l'œil
fend et embrase le mouvement —

Regarde comme la nuit tremble dans les arbres
mais il n'y avait pas d'arbres
et pas d'yeux pour regarder
seulement cette mélodie
ce balancement de mouettes
dans un vent de pierres
la nudité muette de musique
seulement la flèche de clarté
du désir sur les pistes de nuit —

(F0174)

Un chant s'étire indéfiniment dans le soir, chemine dans le dos, sa clarté fait froid.

Il va droit dans le noir du sang.

Non, surtout ne pas allumer, laisser les mains trouver le grain, les touches blanches et noires, les sons qui les allument.

Dans toute cette rigueur, tes doigts éperdus de tâtonnements.

Maintenant que tu as touché le fer, te reste-t-il une larme ?

Être ici.
Adhérence rocheuse, limée par les vagues.
Chaleur et poudres pour d'autres corps.

Sous la voûte froide de lumière
les bruits du sang se condensent —
flamme blanche dans l'idée de neige

Rocher à pic posé sur le soir
là-bas, là-haut
ce que tu avais gardé de cuivre et d'or
la mer rouillée de meurtres les os
émiettés dans les rafales du vent
rames et ailes fouettant la distance
et l'entêtement blanc sous les dépôts de gris
la lessive —

Trois ou quatre herbes brillent ⟵
dans un dé à coudre de lumière.

Ton corps sait l'exactitude des brins
l'exactitude au-dedans de chaque grain
de son qu'allume le mouvement —

tu ne peux glisser un seul cheveu
entre ce rien qui bouge et l'odeur
salée du large dans les murs blancs

et la voix qui perd son sang au téléphone
et la hâte et le supplice et le piétinement —

(FOIXI)

Je ne peux le taire
ni par les mots
ni par le silence —

LA MAISON
PRÈS DE LA MER

In memoriam G. Seferis

La maison près de la mer est la première partie d'un long poème. Elle a été publiée avec des encres originales de T'ang, par Thierry Bouchard, en 1992. L'ensemble du poème, toujours avec des encres de T'ang est paru la même année chez Pierre-Alain Pingoud à Lausanne.

or pâle, brume de paroles dans le froid
jours et icônes que noircissent peu à peu
les doigts au bord d'un savoir insoumis —

falaise et clavier là-haut des murs blancs.
Des fenêtres où résiste la nuit
prennent feu parfois, — des notes qui brûlent
par-delà leur temps dans la musique,
des images au soir tombent sans bruit
à l'issue d'un combat sanglant —

dans les tiroirs de la chambre
parfumés de sauge et de thym
remuent les bruits de l'autre été
quelques cailloux et bois polis
et la crasse des siècles sur
le noble profil d'Alexandre
qui a brillé un jour sous le pas
dans le désordre des pierres —

ici tu as vu la fraîcheur
d'un ordre de vie se défaire —
que de fureur maintenant
pour éteindre un peu de beauté
qui lutte encore dans la chaux
le bleu écaillé d'une barque
dans l'âme à l'aube qui regarde
monter l'eau dans les chambres —

et il s'agit bien de ce peu
que j'ai vu frissonner dans une aile
lutter dans un corps avec l'inconnu
dans l'éclat brûlé des feuilles —

il y a eu ces échanges si simples
entre un silence en nous et quelques bruits
ces brèves rafales de l'esprit
couleurs et cris dans les choses
il a suffi de voir, d'écouter
l'olivier grandir et la mer
recoudre ses filets dans la nuit —

NOTES

Page 13.

1. Poème de Parménide.

Page 17.

1. Les mots grecs correspondants prennent leur origine dans le vieil idiome égéen.

Page 22.

1. Vases de pierre, de marbre, d'albâtre et de stéatite : à Mochlos, à Paros, à Antiparos, à Naxos, à Amorgos...

Page 29.

1. Inspiré de Platon, *Timée,* 66, 67, 68.

Page 31.

1. Eschyle : *Les Perses.*

Page 38.

1. Apocalypse de Jean, X, 4.

Page 43.

1. Eschyle : *Agamemnon.*

Page 47.

1. Port de pêche en Attique.

Page 50.

1. Apocalypse de Jean, XIX, 18.

Page 51.

1. Georges Séféris : *Mythologie,* XXIV.

Page 55.

1. Georges Séféris : *Mythologie,* VIII.

Page 62.

1. Apocalypse de Jean, XVI, 20.

Page 65.

1. Eschyle : *Les Euménides.*

Page 67.

1. Eschyle : *Agamemnon.*

Page 68.

1. Sophocle : *Œdipe Roi.*

Page 69.

1. Apocalypse de Jean, XV, 2.
2. Apocalypse de Jean, VIII, 9.

Page 74.

1. Empédocle, *Les Origines,* 551, 1-7, édition critique et traduction de Jean Bollack.

Page 75.

1. Inspiré par le « Faciès hippocratique ». *Pronostic,* 2 L, II, 112-118.

Page 77.

1. Dans une lettre citée par le docteur H. Duclos (*Laënnec,* Paris, 1932, p. 159), Laënnec écrit : « Relativement à la doctrine d'Hippocrate, je me suis fort heureusement occupé beaucoup de grec depuis trois ans et je ne craindrais pas que les exercices du concours se fissent avec le texte seul d'Hippocrate sans traduction et sans dictionnaire. »
2. *Maladies,* II, 61 L, VII, 94.
3. II, 59 L, VII, 92.
4. P. 644-687.

Page 78.

1. *Maladies,* II, 47 L, VII, 68, 19-70.
2. Voir aussi dans *Prénotions Coaques,* II, 424 L, V, 680 et *Affections internes,* 23 L, VII, 226, 3-4.

Page 79.

1. Les oreilles correspondent probablement aux auricules.
2. Les passages cités sont extraits du *Corpus Hippocraticum,* édition Littré, IX, 4, 8, 11 L.

Page 84.

1. Probablement celui de l'île de Thasos.
2. Première observation du livre des Épidémies I, 10 L, II, 682 5-684 9.

Page 86.

1. Apocalypse de Jean, X, 8.

Page 98.

1. Georges Séféris : *Trois poèmes secrets,* traduction de L. G.

Page 100.

1. Matthieu, VI, 23.

Page 114.

1. Amos, 7, 14.
2. Écrits esséniens, Hymne E III, 6-7. *(Traduction d'A. Dupont-Sommer.)*

Page 117.

1. *Règlement de Guerre des Fils de Lumière,* XII, 9. *(Adaptation de l'auteur.)*

Page 120.

1. Traduit de : *Babylonian Hymns and Prayers,* 1911, n° 6, lignes 11 à 15, de D. W. Myhrmann.

Page 133.

1. Ouadi Djose.

Page 137.

1. II, Samuel, V, 6-7.

Page 138.

1. Flavius Josèphe, *La guerre des Juifs,* VI, 8, 5. *(Traduction de Pierre Savinel.)*
2. Historien anonyme des Croisades.
3. 'Imâd ad-Dîn al Isfahâni : *Conquête de la Syrie et de la Palestine par Saladin. (Traduction de Henri Massé.)*

Page 140.

1. Isaïe, VII, 20. *(Traduction de Jean Grosjean.)*

Page 147.

1. Hymnes esséniens, III, 13-15. *(Traduction d'A. Dupont-Sommer.)*

Page 149.

1. Osée, X, 8. *(Traduction de Jean Grosjean.)*

Né en 1925 dans une famille hongroise à Marosvásárhely en Transylvanie orientale (actuellement Tîrgu-Mureş en Roumanie).

Études secondaires dans cette même ville.

Admis à l'École Polytechnique de Budapest en 1943. Mobilisé quelques mois plus tard.

En octobre 1944, après l'échec de la tentative de paix séparée, suivie d'une occupation allemande et de la mise en place d'un gouvernement nazi en Hongrie, déportation dans un camp de travail en Souabe-Franconie. S'en évade en mars 1945 et se présente à une unité française près de Pfullendorf.

Études de médecine à Paris, puis chirurgien des hôpitaux français de Jérusalem et de Bethléem. A partir de 1970, chirurgien à l'hôpital Charles-Nicolle de Tunis.

No[?] [124] dont, une famille hongroise à Marosvásárhely, en Transylvanie orientale (actuellement Tîrgu-Mureş en Roumanie). ... Italie, seconde... ans... même édité.

Adam à l'École Polytechnique de Bucarest en 1911. Mobilisé quelques mois plus tard.

En octobre 1964, nous l'[...]vons de[...] tentative de paix séparée, ... sphère d'une occupation allemande, et de la nous... en pays, d'un gouvernement national de gauche[...] pour... temps dé travail, en mars [...] en relations, S'en va[...] et aurait [...] se rendre à une... pour la reprise près de Debrecen[?].

Pour... occupation à Targu... rencontre... les Alpinas français... le novembre et au Buddhan... arrivent de 1918, jusqu'au à l'hôpital... militaire Savona de Paris...

PRINCIPAUX OUVRAGES

Poésie

LE QUATRIÈME ÉTAT DE LA MATIÈRE, *Flammarion*, 1966.

GISEMENTS, *Flammarion*, 1968.

SOL ABSOLU, *Gallimard*, 1972.

CORPS CORROSIFS, *Fata Morgana*, 1978.

ÉGÉE suivi de JUDÉE, *Gallimard*, 1980.

PATMOS, avec un lavis de T'ang, *Pierre-Alain Pingoud*, Lausanne, 1989.

LA MAISON PRÈS DE LA MER, avec des encres de T'ang, *Pierre-Alain Pingoud,* Lausanne, 1992.

Prose

APPROCHE DE LA PAROLE, avec un frontispice d'Henri Michaux, *Gallimard,* 1978.

JOURNAUX DE VOYAGE, avec deux encres de Zao Wou-ki, *Picquier-Le Calligraphe,* 1985.

FEUILLES D'OBSERVATION, *Gallimard,* 1986.

CARNET DE PATMOS, avec des photographies de l'auteur, *Le temps qu'il fait,* 1991.

Essai

HISTOIRE DE LA PALESTINE, Maspero, 1968 (édition revue et augmentée, 1978).

Traductions

D. H. LAWRENCE (traductions en collaboration avec Sarah Clair) : *Trente-quatre poèmes,* Obsidiane, 1985 ; *Sous l'étoile du chien,* La Différence, 1989.

Janos PILINSZKY (traductions en collaboration avec Sarah Clair) : *Poèmes choisis*, Gallimard, 1982 ; *KZ-Oratorio* et autres pièces, Obsidiane, 1983 ; *Trente poèmes*, Éditions de Vallongues, 1990 ; *Même dans l'obscurité*, La Différence, 1991.

R. M. RILKE : *Les Élégies de Duino, Requiem, Nouveaux poèmes*, in *Poésie*, Le Seuil, 1972.

Georges SÉFÉRIS : *Trois poèmes secrets* (traduction en collaboration avec Yves Bonnefoy), Mercure de France, 1970 ; *Journal 1945-1951*, Mercure de France, 1973.

DU MÊME AUTEUR

Dans la même collection

SOL ABSOLU et autres textes (LE QUATRIÈME ÉTAT DE LA MATIÈRE, CORPS CORROSIFS, *avec un essai d'autobiographie inédit*).

DERNIÈRES PARUTIONS

Ce volume,
le deux cent soixante-septième
de la collection Poésie,
a été achevé d'imprimer par
l'Imprimerie Bussière à Saint-Amand (Cher),
le 23 janvier 1993.
Dépôt légal : janvier 1993.
Numéro d'imprimeur : 3499.
ISBN 2-07-032736-1./Imprimé en France.

57996